NOCH MEHR
KOCHEN
für Faule

NOCH MEHR KOCHEN FÜR FAULE

Text: Cornelia Trischberger
Fotos: Michael Wissing

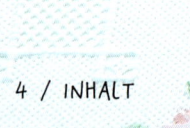

FLEISCH

FISCH

DESSERTS

FAULE MENÜS

143 EINKAUFSZETTEL

auch zum Download auf
www.gu.de/kochenfuerfaule

NOCH MEHR REZEPTE FÜR ALLE FAULE-KÜCHE-FANS

Wir hoffen, Sie haben schon auf Nachschub gewartet ... Denn jetzt gibt's **frische „Ware":** neue Rezepte für die moderne, schnelle, abwechslungs-reiche, faule und gesunde Küche!

Natürlich wieder mit den äußerst beliebten **schnellen „4er"-Seiten** – von 4 x Tramezzini bis 4 x Schokotörtchen, von 4 x Shrimpssuppe bis 4 x Couscous. Und mit absolut alltagstauglichen, aber auf keinen Fall alltäglichen Gerichten. Damit dürfen Sie sich selbst verwöhnen, Partner und Freunden eine kulinarische Freude machen oder Familie und Gäste zu einem köstlichen Mittag- oder Abendessen einladen.

Zur Anregung haben wir ein paar Menüs zusammengestellt, natürlich mit passender Deko und genauem Ablaufplan. So kommt alles ohne Hektik auf den Tisch – nicht nur Ihre Gäste werden begeistert sein!

Dazu finden Sie hinten im Buch wieder eine praktische Einkaufsliste – damit das Besorgen der Lebensmittel noch etwas schneller geht. Oder damit Sie sich ganz einfach einen kleinen Lebensmittelvorrat anlegen können, aus dem Sie dann nach Lust und Laune im Handumdrehen ein leckeres Essen zaubern. **Alle Zutaten** dafür erhalten Sie selbstverständlich in jedem gut sortierten **Supermarkt.**

Wichtig: **Blitzschnell heißt hier nicht „Tütensuppe" und „Tiefkühl-Pizza"...** Wir wollen schließlich **etwas für das 21. Jahrhundert** kochen – und das bedeutet: **unkomplizierte, möglichst naturbelassene, nahrhafte Zutaten,** die mit vielen guten Ideen aus allen Küchen der Welt zu bequemen Rezepten für moderne Gourmets werden. In diesem Sinne ...

Viel Spaß beim Ausprobieren und Genießen!

BEQUEMMACHER

BEQUEME LEBENSMITTEL ...

... sind einfach ...

... aus dem Kühlregal: zum Beispiel frische Nudeln wie Tagliatelle, Tortellini und Ravioli; Räucherlachs, Graved Lachs und geräucherte Forellenfilets; Kräuterbutter und geriebener Käse aus der Tüte (Parmesan, Pecorino, Tilsiter, Edamer, Emmentaler und Gratin-Käse).

... aus der Tiefkühltheke: wie etwa Kräuter, Gemüse, Früchte, Fischfilet, geschälte Bio-Shrimps, Brötchen und Bourbon-Vanilleeis.

... essfertig ohne Schälen: Bestens geeignet sind hier etwa grüner Spargel, Zucchini oder kleine neue Bio-Kartoffeln.

... gut vorbereitet: Dazu gehört alles aus der Dose wie Tomaten, Thunfisch und Früchte; alles aus dem Glas wie Oliven, geröstete, gehäutete Paprikaschoten, Essiggurken und Sardellenfilets; aber genauso Brote zum Aufbacken oder vorgegarter Reis in diversen Varianten, den man nur noch kurz erhitzen und fertig kochen muss.

BEQUEM KOCHEN ...

... kann man auch ...

... All-in-One: Alle Lebensmittel ganz einfach zusammen garen, etwa in der Wok-Pfanne, im Suppentopf oder auch auf dem Backblech – die Zutaten lose darauf verteilt oder gesammelt im Backpapierpäckchen.

... im Backofen: Vorheizen, alles ab aufs Blech, Küchenwecker stellen, fertig – bequeme Ofenkost, von Fischpäckchen bis Schokotörtchen.

... für Gäste: Nämlich mithilfe unserer Menü-Ideen – mit Rezepten, die sich gut vorbereiten lassen und auch für den Gastgeber so richtig schön faul sind.

... zum Mitnehmen: Wir sagen, welche Gerichte sich auch für den Picknickkorb und die Snack-Box eignen – feines, unkompliziertes Take-away-Food, von Sandwich bis Dessert.

BEQUEME GERÄTE ...

... können das Küchenleben leichter machen, zum Beispiel ...

... der Toaster: Ob Pita-Fladen aufbacken oder Toastscheiben frisch aus dem Tiefkühler rösten – damit geht's ganz schnell und unkompliziert.

... die Küchenreibe: Darauf können Möhren, Gurken und Zucchini blitzschnell geraspelt oder gehobelt werden, außerdem lässt sich die Schale von Bio-Orangen und Bio-Zitronen als frisch-raffinierte Würze fein abreiben.

... die Wok-Pfanne: Optimal nicht nur für Asia-Food, sondern auch alle anderen Gerichte, deren Zutaten bequem gerührt werden müssen. Sie sollte beschichtet, schön leicht und ganz einfach sauber zu machen sein. Ersatz: eine normale beschichtete Pfanne mit hohem Rand.

... der Wasserkocher: Ganz einfach ganz fix Wasser im Wasserkocher aufkochen und damit dann im großen Kochtopf die Nudeln al dente garen – das macht das Pastakochen noch ein paar Umdrehungen schneller.

BEQUEM WÜRZEN ...

... kann man mit ...

... den 4 Exoten: Kurkumapulver, gemahlenem Kreuzkümmel und Koriander sowie frischem Ingwer – mit ein paar Messerspitzen kriegt man da gleich einen Hauch Orient ans Essen.

... den 4 Sauren: Zitrone, Limette und Orange (natürlich frisch und am besten in Bio-Qualität, damit man die Schale auch verwenden kann) sowie Balsamico-Essig: von Aceto balsamico über Balsamico bianco bis zu Balsamico Creme.

... den 4 Mittelmeerwürzern: frischen Knoblauchzehen und Basilikumblättchen, gemahlenem Safran und getrockneten Kräutern wie Thymian und Oregano.

... den 4 Scharfen: getrockneten Peperoni, die man fein zerbröselt zusammen mit Knoblauch und Zwiebeln in die Pfanne gibt; Tabasco, der mit ein paar Spritzern aus der Flasche südamerikanischen Pep ins Essen bringt; süßscharfer Chilisauce für den Asia-Touch; feurigem Ajvar (Paprikapüree) für die fein-fruchtige Schärfe.

SANDWICHES

Ein Brötchen kommt selten allein

DIE SCHNELLEN 4 ZUM SANDWICH MACHEN

SANDWICHTOAST

Gibt's als Vollkorn- oder Buttertoast | die Scheiben sind etwas größer als normale Toastscheiben | wegen ihrer XL-Größe kann man auch **Tramezzini** – das sind die berühmten gefüllten „dreieckigen" Brote aus Italien – mit ihnen machen (Seite 20–21): einfach die Toastscheiben vor dem Belegen und Schneiden von der Rinde befreien | ideal für **fixe Brote:** Toast im Tiefkühlfach lagern, dann bei Bedarf einzelne Scheiben herausholen, im Toaster rösten und nach Lust und Laune toppen – nur mit Butter, Wurst, Käse, Honig oder mit einem deftigen Brotaufstrich (Seite 18–19) | als **Röstbrot** die wahrscheinlich schnellste Beilage zu Eintöpfen, Suppen, Gemüse, Fleisch und Fisch | auch fein als **Knoblauchtoast** (Seite 109, Tipp).

DUNKLES VOLLKORNBROT

Kann man im Supermarkt auch abgepackt und schon in Scheiben geschnitten kaufen | am besten zu Broten ohne Zusatz- und Konservierungsstoffen greifen | hält einmal angebrochen mindestens 1 Woche | lecker zu deftigen **Brotaufstrichen** (Seite 18–19) und **Fischsnacks** (Seite 106–107) | echt knusprig: gewürfelt in einer Pfanne ohne Fett goldbraun rösten und als **Croûtons** zum Toskana-Gemüsetopf (Seite 64) oder auch zur Shrimpssuppe mit Kohlrabi (Seite 109) servieren.

BROTE ZUM AUFBACKEN

Von Pita bis Ciabatta: Brote zum Aufbacken sind ideal für die Vorratshaltung | sie lassen sich ungeöffnet ohne Kühlen ganz einfach im Schrank aufbewahren | bei Bedarf dann nach Packungsanweisung im Toaster, im Backofen oder auch in der Mikrowelle fertigbacken | alle Aufbackbrote kann man **füllen** (Seite 16), **belegen** (Seite 20–23), **bestreichen** (Seite 18–19) oder als **Blitz-Beilage** servieren, etwa zu feinen Fischpäckchen (Seite 110–111) | ideal auch für die **Blitz-Brotzeit,** wenn zufällig Freunde auf ein Glas Wein vorbeischauen: Brote schnell aufbacken und dazu alles, was Kühlschrank und Vorratschrank bieten – von Oliven bis Sardellenfilets, von Essiggurken bis Kirschtomaten – mit auf den Tisch stellen.

TK-BRÖTCHEN

Perfekt für den Tiefkühlvorrat | lassen sich prima „portionieren", man kann also nur mal 1 oder 2 Brötchen aus der Tüte nehmen und den Rest dann gut verschlossen weiter aufbewahren | gibt's auch aus vollem Korn, in Bio-Qualität und auf „echt bayerisch": **als Brezen |** bestens geeignet für ofenfrische **Sonntags-Frühstücksbrötchen |** zum **Stippen** von allen Eintöpfen wie **Gemüse-Bouillabaisse** (Seite 76) oder **grünem Bohnentopf** (Seite 70) | lecker als knusprig-frische Unterlage für deftige **Brotaufstriche** (Seite 18–19).

PITA MIT SHRIMPSCOCKTAIL

Griechischer Klassiker mal mit Meeresfrüchtefüllung

FÜR 2 PERSONEN

----

200 g geschälte TK-Bio-Shrimps
(aufgetaut)
1 Avocado
2 EL Mayonnaise
2 EL Naturjoghurt
2 EL Ketchup
1 EL Zitronensaft
1 EL Cognac (nach Belieben)
Salz
Cayennepfeffer
2 kleine Pita-Fladenbrote
(zum Aufbacken)

PRO PERSON: 520 KAL.
ZUBEREITUNGSZEIT: 15 MIN.

1 Die aufgetauten Shrimps in einem Sieb kurz abbrausen und gut abtropfen lassen. Dann auf Küchenpapier geben und trocken tupfen.

2 Die Avocado längs rundherum bis zum Kern einschneiden. Die beiden Hälften gegeneinanderdrehen und auf diese Weise auseinanderlösen, den Kern entfernen. Das Fruchtfleisch schälen und in kleine Würfel schneiden.

3 Mayonnaise mit Joghurt, Ketchup, Zitronensaft und eventuell Cognac verrühren. Mit Salz und Cayennepfeffer würzen. Die Shrimps und die Avocadowürfel zum Mayonnaise-Dressing geben, alles gut vermischen. Den Cocktail mit Salz und Cayennepfeffer abschmecken.

4 Die Pita-Fladen nach Packungsanweisung im Toaster aufbacken. Die Fladen so zusammendrücken, dass sich die Einschnitte öffnen, und den Shrimpscocktail in die Brote füllen. Leicht andrücken, gleich servieren.

TIPP: Auch schön als Party-Food! Dafür – je nach Anzahl der Gäste – die Zutatenmengen mal drei oder vier nehmen. Shrimpscocktail zubereiten und bis zum Servieren im Kühlschrank abgedeckt aufbewahren. Pita-Brote aufbacken und in einen Brotkorb geben. Den Cocktail in einer Schüssel samt einem Löffel dazustellen. Jetzt kann sich jeder sein Pita-Sandwich ganz frisch selber füllen.

4 x SCHNELLER BROTAUFSTRICH ...

MIT AVOCADO

Für 1 Glas (etwa 200 ml Inhalt)

1 vollreife **Avocado** längs rundherum bis zum Kern einschneiden. Beide Hälften gegeneinanderdrehen und auseinanderlösen, den Kern entfernen. Fruchtfleisch schälen und grob würfeln. Die Avocadowürfel mit 2 EL **Orangensaft** und 1 EL **Mango-Chutney** (aus dem Glas) in einem hohen Rührbecher mit einem Pürierstab fein pürieren. Die Creme mit **Cayennepfeffer** und **Salz** abschmecken, in ein Schraubglas füllen. Am besten am selben Tag verbrauchen.

PASST GUT DAZU: Baguette, Ciabatta-Brot und Vollkornbrot.

MIT SCHAFSKÄSE

Für 1 Glas (etwa 200 ml Inhalt)

200 g **Schafskäse** (Feta) grob würfeln. 2 **Frühlingszwiebeln** waschen, putzen und in Ringe schneiden. Beides mit 1 EL **Olivenöl**, 1–2 EL **saurer Sahne** und 1 TL **Ahornsirup** oder **Honig** in einem hohen Rührbecher mit einem Pürierstab fein pürieren. Die Creme mit **Pfeffer** und **Salz** abschmecken. In ein Schraubglas füllen und im Kühlschrank aufbewahren (hält sich mindestens 1–2 Tage).

PASST GUT DAZU: Pita-Brot, dunkles Vollkornbrot und Sesamfladen.

... für jede Gelegenheit – von Frühstück bis Abendessen, von Snack-Box bis Picknickkorb. Am besten zusammen mit einem gut ausgestatteten Brotkorb auf den Tisch stellen oder in die Box packen.

MIT RÄUCHERFISCH

Für 1 Glas (etwa 200 ml Inhalt)

2 geräucherte **Forellenfilets** (etwa 125 g) grob würfeln. 2 **Frühlingszwiebeln** waschen, putzen, in Ringe schneiden. Beides mit 1 TL **Meerrettich** (aus dem Glas), 1 EL **Mango-Chutney** (aus dem Glas), 2 EL **Mayonnaise** und 1–2 TL **Limettensaft** in einem hohen Rührbecher mit einem Stabmixer fein pürieren. Die Creme mit **Cayennepfeffer** und **Salz** abschmecken. In ein Schraubglas füllen, im Kühlschrank aufbewahren (hält sich mindestens 1–2 Tage).

PASST GUT DAZU: Baguette, knusprig gerösteter Toast und Pumpernickel-Taler.

MIT GETROCKNETEN TOMATEN

Für 1 Glas (etwa 200 ml Inhalt)

50 g getrocknete **Tomaten** (in Öl, aus dem Glas) mit 2 **Sardellenfilets** (in Öl, aus dem Glas), 2 EL **Frischkäse**, 2 EL **Balsamico Creme** oder 1 EL **Aceto balsamico**, 2 EL **Orangensaft** und 1 EL **Olivenöl** in einem hohen Rührbecher mit einem Pürierstab fein pürieren. Creme mit **Salz** und **Pfeffer** abschmecken. In ein Schraubglas füllen und im Kühlschrank aufbewahren (hält sich mindestens 3–4 Tage).

PASST GUT DAZU: getoastetes Sandwichbrot, Baguette und Roggenbrot.

4 x SCHNELLE TRAMEZZINI ...

MIT EIERSALAT

Für 2 Personen

2 hart gekochte **Eier** (M) schälen, fein hacken.
1 **Frühlingszwiebel** waschen, putzen und fein
schneiden. 1 EL **Kapern** ebenfalls fein hacken.
Frühlingszwiebeln, Kapern und Eier in einer
Schüssel mit 2 EL **Mayonnaise** und 1–2 TL
Balsamico bianco vermischen, mit **Salz** und
Pfeffer kräftig abschmecken. 2 **Toastscheiben**
mit dem Eiersalat bestreichen, mit je 1–2 EL
Gartenkresse (vom Kästchen) bestreuen. Je
1 **Toastscheibe** darauflegen, leicht andrücken,
Tramezzini diagonal halbieren.

MIT GURKE UND PAPRIKA

Für 2 Personen

1 **Knoblauchzehe** schälen und fein hacken. Mit
4 EL **Frischkäse** und 1–2 TL **Balsamico bianco**
vermischen, mit **Salz** und **Pfeffer** abschmecken.
½ **Bio-Mini-Salatgurke** waschen und quer in
feine Scheiben hobeln. 1 geröstete, gehäutete
Paprikaschote (aus dem Glas) abtropfen lassen,
längs vierteln. 2 **Toastscheiben** mit dem Knob-
lauchfrischkäse bestreichen, mit den Paprika-
vierteln und den Gurkenscheiben belegen. Je
1 **Toastscheibe** darauflegen, leicht andrücken,
Tramezzini diagonal halbieren.

... für die Italo-Brotzeit – auch zum Mitnehmen. Pro Rezept 4 Scheiben Vollkorn-Sandwichtoast „befüllen" (noch besser: 2 Scheiben Tramezzini-Brot) und dann zum Durchziehen straff in Klarsichtfolie wickeln.

MIT THUNFISCHCREME

Für 2 Personen

100 g **Thunfisch** (in Öl, aus der Dose) mit 2 EL **Mayonnaise,** 1–2 TL **Zitronensaft** und 1 EL **Dijon-Senf** in einem hohen Rührbecher mit einem Pürierstab fein pürieren. Mit **Salz** und **Cayennepfeffer** abschmecken. 2 hart gekochte **Eier** (M) schälen und quer in dünne Scheiben schneiden. 2 **Toastscheiben** mit Thunfisch-creme bestreichen und mit den Eierscheiben belegen. Je 1 **Toastscheibe** darauflegen, leicht andrücken, Tramezzini diagonal halbieren.

MIT RÄUCHERLACHS

Für 2 Personen

3 EL **Frischkäse** mit 3 EL **TK-Schnittlauchröll-chen,** ½ TL abgeriebener **Bio-Zitronenschale** und 1 TL **Zitronensaft** gut vermischen, mit **Salz** und **Pfeffer** abschmecken. 2 **Toastscheiben** mit dem Schnittlauchfrischkäse bestreichen, mit 50 g **Räucherlachs** (in Scheiben) belegen. Je 1 Toastscheibe darauflegen, leicht andrücken, Tramezzini diagonal halbieren.

4 × SCHNELLE CROSTINI ...

MIT BOHNENCREME UND PARMASCHINKEN

Für 2 Personen

1 Dose weiße **Cannelli-Bohnen** (Abtropfgewicht 240 g) in einem Sieb abbrausen und abtropfen lassen. 1 **Knoblauchzehe** schälen, grob hacken. Beides mit je 2 EL **Gemüsebrühe** und **Oliven-öl** und 1 EL **Zitronensaft** in einem hohen Rührbecher mit einem Pürierstab fein pürieren. Mit **Salz** und **Pfeffer** abschmecken. Die gerösteten **Baguettescheiben** mit der Bohnencreme bestreichen. 4 **Mozzarellabällchen** halbieren, 2 Scheiben **Parmaschinken** in 8 gleich große Stücke teilen. Die Crostini mit Schinken, Mozzarella und je 1 **Basilikumblättchen** belegen.

MIT TOMATE UND BASILIKUM

Für 2 Personen

1 **Fleischtomate** mit dem Sparschäler (noch besser ist ein Tomatenschäler mit gewellter Klinge) dünn schälen, dann vierteln und den Stielansatz und die Kerne entfernen, das Fruchtfleisch fein würfeln. 6 **Basilikumblättchen** in feine Streifen schneiden und mit den Tomatenwürfeln, 2 EL **Olivenöl** und 1 EL **Balsamico Creme** gut vermischen, mit **Salz** und **Pfeffer** würzen. Den Tomaten-Basilikum-Mix auf den gerösteten **Baguettescheiben** verteilen.

... für den Knabberspaß à la Toskana. Pro Rezept 6–8 Baguettescheiben toasten oder in der Pfanne in 1 EL Olivenöl rösten und belegen. Fertig!

MIT ARTISCHOCKENCREME UND THUNFISCH

Für 2 Personen

4 **Artischockenherzen** (in Öl, aus dem Glas) abtropfen lassen, grob schneiden und mit 2 EL **Mascarpone,** 1 TL **Kapern** und 1 EL **Balsamico Creme** in einem hohen Rührbecher mit einem Pürierstab fein zerkleinern. Mit **Cayennepfeffer** und **Salz** abschmecken. 1 kleine Dose **Thunfisch** (in Olivenöl, Abtropfgewicht 50 g) kurz abtropfen lassen und in einer Schüssel mit **Salz, Cayennepfeffer** und 1 TL **Zitronensaft** vermischen. 1 Handvoll **Rucola** putzen, abbrausen und mit Küchenpapier trocken tupfen. 1 **Frühlingszwiebel** waschen, putzen, schräg in dünne Ringe schneiden. Geröstete **Baguettescheiben** mit der Artischockencreme bestreichen und mit Rucola, Thunfisch und Zwiebelringen belegen.

MIT OLIVENCREME UND KAPERNÄPFELN

Für 2 Personen

1 kleines Glas **schwarze Oliven** (ohne Stein, in Scheiben, Abtropfgewicht 100 g) und 2 **Sardellenfilets** (in Öl, aus dem Glas) jeweils abtropfen lassen. 1 **Knoblauchzehe** schälen, fein hacken. Alles mit 1 EL **Kapern,** je 1 EL **Olivenöl, Zitronensaft, Dijon-Senf** und **Cognac** (nach Belieben), 2 EL **Frischkäse,** je 3–4 Prisen **Salz** und getrocknetem **Thymian** und 4–5 Spritzern **Tabasco** in einem hohen Rührbecher mit einem Pürierstab fein pürieren. Geröstete **Baguettescheiben** mit Olivencreme bestreichen und mit je 1 **Kapernapfel** (aus dem Glas) belegen.

KÄSESANDWICHES AUS DEM OFEN

Resteverwertung vom Feinsten

FÜR 2 PERSONEN

4 Scheiben Baguette (ersatzweise ein anderes Weißbrot)

80 g gemischte Käsereste (z. B. Bergkäse, Camembert und Emmentaler)

2 Artischockenherzen (in Öl, aus dem Glas)

1 geröstete, gehäutete Paprikaschote (aus dem Glas)

6–8 Kapern

Pfeffer (am besten frisch gemahlen)

PRO PERSON: 210 KAL.
ZUBEREITUNGSZEIT: 15 MIN.

1 Den Backofengrill vorheizen. Die Baguettescheiben im Toaster ganz leicht anrösten und in zwei kleine feuerfeste Förmchen legen.

2 Von den Käseresten die eventuell vorhandene Rinde entfernen, den Käse in kleine Stücke schneiden.

3 Die Artischockenherzen auf Küchenpapier kurz abtropfen lassen, dann längs in dünne Scheiben schneiden. Die Paprikaschote ebenfalls abtropfen lassen und dann quer in dünne Streifen schneiden.

4 Käse, Artischocken, Paprika und Kapern auf den angerösteten Brotscheiben gleichmäßig verteilen. Die Förmchen in den Ofen (Mitte) schieben und die Sandwiches unter dem Grill 3–4 Min. überbacken, bis der Käse ganz geschmolzen ist.

5 Die Förmchen aus dem Ofen nehmen und die Käsesandwiches mit Pfeffer bestreuen. Die Sandwiches in den Förmchen servieren.

REIS

Schmeckt nicht nur mit Stäbchen fein ...

DIE SCHNELLEN 4 FÜR DIE REISKÜCHE

LANGKORNREIS

Der Alleskönner | bestens geeignet für alle Reisliebhaber, die es gerne körnig mögen | ganz pur perfekt als schnelle **Beilage** zu Fisch, Fleisch und Gemüse | kann man auch anstatt Basmatireis verwenden, zum Beispiel beim **Japan-Reistopf** (Seite 38) oder beim orientalischen **Kurkumareis mit Erbsen** (Seite 37) | und die richtige Wahl für eine blitzschnelle **„Kühlschrank"-Reispfanne:** alles, was gerade da ist – ein wenig Schinken, Salami, Paprika, Zwiebeln oder anderes – fein würfeln, in wenig Olivenöl anbraten, vorgegarten Reis dazugeben, erhitzen und alles fertig garen, mit Salz, Pfeffer und Tabasco abschmecken – servieren.

NATURREIS

Die Vollwertvariante | ist ungeschält, darum auch leicht bräunlich und vielleicht nicht ganz so „attraktiv" | dafür aber wegen der wertvollen Inhaltsstoffe umso gesünder | gibt's mittlerweile auch in der Edelvariante „Natur- und Wildreis" | schmeckt als körnige **Beilage** zu Fisch, Fleisch und Gemüse | ersetzt auch mal Basmatireis, etwa bei der **Bali-Reispfanne** (Seite 30) | lecker statt Couscous mit **Linsenragout, Kichererbsencurry, Masala-Spinat** oder auch **Süßkartoffeln** (Seite 75) oder als **„Einlage"** statt Kartoffeln im Bohnentopf (Seite 70).

BASMATIREIS

Ideal für alle asiatischen und orientalischen Gerichte | hat längliche, weiße Körner, die beim Kochen intensiv duften | am besten schmeckt er als **Gewürzreis** – mit etwas Ingwer, Koriander, Kurkuma oder Kreuzkümmel | schön als schneller **Orient-Reis** mit Frühlingszwiebeln, Kurkuma, Cashewnüssen oder Pinienkernen (Seite 36–37) | kann man aber auch „pur" zu allen asiatischen Gemüse-, Fleisch- und Fischgerichten als **Beilage** servieren, etwa zur Goa-Blumenkohlpfanne (Seite 68), zu Asia-Steaks (Seite 82) oder auch zum indischen Kokosfisch (Seite 100) | oder mal statt Nudeln als **Einlage** in eine Asia-Nudelsuppe (Seite 52–53) geben.

RISOTTOREIS

Optimal für alle faulen Italien-Köche | ist vorgegart natürlich nichts für die „Risotto-Puristen", dafür gelingt er so garantiert jedem | gibt's mit Safran, Steinpilzen oder Gemüsestückchen | mit ihm kann man ganz einfach **Blitz-Paella** (Seite 32) machen oder leckeren **Risotto** mit Gemüse, Radicchio, Pilzen oder Frühlingszwiebeln (Seite 34–35) | ideal als feine **Beilage** zu schnell in der Pfanne gebratenem Fleisch oder Fisch | und für alle Süßen optimal als **Milchreis** mit Sahne, Zucker und Zimt serviert | wichtig: Wer keinen vorgegarten Risottoreis bekommt oder mag, kann natürlich auch normalen Risottoreis verwenden und dann entsprechend der Packungsanweisung verarbeiten.

TIPP: Alle hier vorgestellten Reissorten gibt es im gut sortieren Supermarkt vorgegart als Express-, Duo- oder Pronto-Reis, den Langkorn-, Natur- und Basmatireis auch als (zweitschnellste) 8-Minuten-Kochbeutel-Version.

BALI-REISPFANNE

Ein echtes All-in-One-Essen

1 Reis nach Packungsanweisung in kochendem Salzwasser garen. Den Beutel herausnehmen, kurz abtropfen lassen und aufschneiden, den gegarten Reis in eine Schüssel geben.

FÜR 2 PERSONEN

- 1 Kochbeutel Basmati- oder Naturreis (125 g)
- Salz
- 1 kleine getrocknete Peperoni
- 3 Frühlingszwiebeln
- 100 g Weißkohl
- 1 Fleischtomate
- 1 kleines Putenschnitzel (etwa 150 g)
- 200 g geschälte TK-Bio-Shrimps
- 2 EL Öl
- Cayennepfeffer
- Kurkumapulver

PRO PERSON: 495 KAL.
ZUBEREITUNGSZEIT: 25 MIN.

2 Inzwischen die Peperoni mit den Fingern fein zerbröseln. Frühlingszwiebeln waschen, putzen und in dünne Ringe schneiden (vom Grün 2–3 EL beiseitelegen). Weißkohl waschen, putzen und in feine Streifen hobeln. Die Tomate waschen und halbieren, Stielansatz und Kerne entfernen, das Fruchtfleisch in dünne Spalten schneiden.

3 Das Putenschnitzel mit Küchenpapier trocken tupfen, Haut und Sehnen entfernen, Fleisch in dünne Streifen schneiden. Gefrorene Shrimps in einem Sieb abbrausen und abtropfen lassen.

4 Öl in einer Wok-Pfanne erhitzen. Peperoni, Frühlingszwiebeln und den Weißkohl darin 3–4 Min. bei mittlerer Hitze andünsten.

5 Das Fleisch und die Shrimps dazugeben, alles weitere 3–4 Min. unter Rühren braten. Den gegarten Reis untermischen, mit Salz, Cayenne-pfeffer und Kurkuma kräftig würzen, noch ein-mal 3–4 Min. rührbraten.

6 Die Reispfanne mit den Tomatenspalten und dem beiseitegelegten Frühlingszwiebelgrün be-streuen und servieren.

TIPP: Noch schneller geht's statt mit Koch-beutelreis mit vorgegartem Reis.

PASST GUT DAZU: knusprig gebratene Spiegeleier und Rohkost mit Currydressing (Seite 73).

BLITZ–PAELLA

Spanischer Klassiker im Turbo-Tempo

FÜR 2 PERSONEN

----

200 g geschälte TK-Bio-Shrimps

100 g geröstete, gehäutete Paprikaschoten (aus dem Glas)

1 Fleischtomate

1 Knoblauchzehe

2 Frühlingszwiebeln

250 g Hähnchenbrustfilet

2 EL Olivenöl

250 g vorgegarter Risottoreis
(mit Safran, 250 g)

400 ml Fischfond (aus dem Glas)

200 ml Gemüsebrühe

80 g TK-Erbsen

2 EL Ajvar

Salz

Pfeffer

1 Bio-Zitrone

PRO PERSON: 560 KAL.
ZUBEREITUNGSZEIT: 20 MIN.

1 Gefrorene Shrimps in einem Sieb abbrausen und abtropfen lassen. Geröstete Paprikaschoten abtropfen lassen und quer in dünne Streifen schneiden.

2 Tomate waschen, längs vierteln, Kerne und Stielansatz entfernen, das Fruchtfleisch grob würfeln. Knoblauch schälen und fein hacken. Die Frühlingszwiebeln waschen, putzen und in dünne Ringe schneiden. Das Hähnchenbrustfilet mit Küchenpapier trocken tupfen, die Haut und Sehnen entfernen. Das Fleisch in etwa 2 cm große Würfel schneiden.

3 Das Olivenöl in einer Wok-Pfanne erhitzen. Knoblauch, Frühlingszwiebeln und Hähnchenbrustfilet darin unter Rühren bei mittlerer Hitze 2–3 Min. anbraten. Vorgegarten Safran-Risottoreis, Fischfond und Gemüsebrühe dazugeben und unterrühren.

4 Paprikaschoten, Tomate und Shrimps mit den gefrorenen Erbsen zum Reis geben und gut vermischen. Reis bei mittlerer Hitze nach Packungsanweisung etwa 12 Min. garen, dabei zwei- bis dreimal gut durchrühren.

5 Das Ajvar untermischen, die Paella mit Salz und Pfeffer abschmecken. Die Zitrone in Achtel schneiden und mit der Blitz-Paella servieren.

PASST GUT DAZU: Shrimpssuppe mit Tomate und Baguettescheiben mit Mandelcreme (Seite 108) als Vorspeise.

4 X SCHNELLER BLITZ-RISOTTO ...

MIT PILZEN

Für 2 Personen

1 **Knoblauchzehe** schälen und fein hacken.
2 **Frühlingszwiebeln** waschen, putzen, in dünne
Ringe schneiden. 120 g **Champignons** putzen
und in dünne Scheiben schneiden. Je 1 EL **Butter**
und **Olivenöl** in einer Wok-Pfanne erhitzen. Vorbereitete Zutaten darin 3–4 Min. bei mittlerer
Hitze andünsten. 250 g vorgegarten **Risottoreis**
(mit Safran) unterrühren. 150 ml **Weißwein** und
450 ml **Gemüsebrühe** (oder 600 ml Gemüsebrühe) untermischen und den Risotto nach
Packungsanweisung unter Rühren etwa 12 Min.
bei geringer Hitze köcheln lassen. Je 2 EL **TK-
Petersilie** und geriebenen **Parmesan** untermischen, den Risotto mit **Salz** und **Pfeffer** abschmecken. Vom Herd nehmen, 2–3 Min. zugedeckt ziehen lassen, servieren.

MIT FRÜHLINGSZWIEBELN

Für 2 Personen

1 **Knoblauchzehe** schälen und fein hacken.
4 **Frühlingszwiebeln** waschen, putzen, in dünne
Ringe schneiden. Je 1 EL **Butter** und **Olivenöl**
in einer Wok-Pfanne erhitzen. Knoblauch und
Zwiebeln darin 3–4 Min. bei mittlerer Hitze andünsten. 250 g vorgegarten **Risottoreis** (mit
Safran) unterrühren. 150 ml **Weißwein** und
450 ml **Gemüsebrühe** (oder 600 ml Gemüsebrühe) untermischen und den Risotto nach
Packungsanweisung unter Rühren etwa 12 Min.
bei geringer Hitze köcheln lassen. 10 **Basilikumblättchen** fein hacken und mit 2 EL geriebenem **Parmesan** untermischen. Den Risotto
mit **Salz, Pfeffe**r und 1–2 EL **Orangensaft** abschmecken. Vom Herd nehmen, 2–3 Min. zugedeckt ziehen lassen, servieren.

... mit vorgegartem Reis. Köstlich als feine Beilage oder als vegetarisches Hauptgericht: dann aber gleich die doppelte Menge kochen.

MIT GEMÜSE

Für 2 Personen

1 **Knoblauchzehe** schälen und fein hacken.
½ Stange **Lauch** putzen und längs halbieren,
waschen, dann quer in dünne Streifen schneiden.
1 **Möhre** schälen, grob raspeln. Je 1 EL **Butter**
und **Olivenöl** in einer Wok-Pfanne erhitzen. Vorbereitete Zutaten darin 3–4 Min. bei mittlerer
Hitze andünsten. 250 g vorgegarten **Risottoreis**
(mit Safran) unterrühren. 600 ml **Gemüsebrühe**
und 100 g gefrorene **TK-Erbsen** untermischen
und den Risotto nach Packungsanweisung unter
Rühren etwa 12 Min. bei geringer Hitze köcheln
lassen. 1 EL **Balsamico bianco** und 2 EL geriebenen **Parmesan** untermischen, Risotto mit **Salz**
und **Pfeffer** abschmecken. Vom Herd nehmen,
2–3 Min. zugedeckt ziehen lassen, servieren.

MIT RADICCHIO

Für 2 Personen

½ **Radicchio** putzen, waschen und in dünne
Streifen schneiden. 1 **Knoblauchzehe** schälen
und fein hacken, 1 rote **Zwiebel** schälen und
klein würfeln. Je 1 EL **Butter** und **Olivenöl** in
einer Wok-Pfanne erhitzen. Vorbereitete Zutaten
darin 3–4 Min. bei mittlerer Hitze andünsten.
250 g vorgegarten **Risottoreis** (mit Safran)
unterrühren und 600 ml **Gemüsebrühe** untermischen. Den Risotto nach Packungsanweisung
unter Rühren etwa 12 Min. bei geringer Hitze
köcheln lassen. Je 2 EL **Balsamico Creme** und
geriebenen **Parmesan** untermischen. Risotto mit
Salz und **Cayennepfeffer** abschmecken. Vom
Herd nehmen und 2–3 Min. zugedeckt ziehen
lassen, servieren.

4 x SCHNELLER ORIENT-REIS ...

MIT CASHEWNÜSSEN UND SAFRAN

Für 2 Personen

1 kleine getrocknete **Peperoni** fein zerbröseln, 2 EL **Cashewnüsse** grob hacken. 1 EL **Butter** und 1 TL **Öl** in einer Wok-Pfanne erhitzen. Darin Peperoni, Cashews und 2 **Nelken** bei mittlerer Hitze 2–3 Min. anbraten. 1 Döschen gemahlenen **Safran** (0,1 g) mit 4 EL **Gemüsebrühe** verrühren und mit 250 g vorgegartem **Basmatireis** zum Cashew-Peperoni-Mix in die Pfanne geben, alles vermischen und 4–5 Min. bei geringer Hitze garen. Reis mit **Salz** und 1 TL **Zitronensaft** abschmecken.

MIT PINIENKERNEN UND ROSINEN

Für 2 Personen

2 **Frühlingszwiebeln** waschen, putzen und in dünne Ringe schneiden. 1 **Knoblauchzehe** schälen und fein hacken. Je 1 TL **Butter** und **Öl** in einer Wok-Pfanne erhitzen. Darin Zwiebeln, Knoblauch und 2 EL **Pinienkerne** bei mittlerer Hitze 2–3 Min. andünsten. 2–3 Prisen **Kurkumapulver** und 1–2 TL **Harissa** (orientalische Peperonipaste aus der Tube) mit 4 EL **Gemüsebrühe** verrühren. 250 g vorgegarten **Basmatireis**, 2 EL **Rosinen** und die gewürzte Brühe in die Pfanne geben, alles vermischen und 4–5 Min. bei geringer Hitze garen. Reis mit **Salz** und **Pfeffer** abschmecken.

... als raffinierte exotische Beilage zu Geflügel, Fleisch und Fisch. Statt Basmatireis auch mal mit Langkorn- oder Naturreis probieren!

MIT FRÜHLINGSZWIEBELN UND KNOBLAUCH

Für 2 Personen

3 **Frühlingszwiebeln** waschen, putzen und in dünne Ringe schneiden. 2 **Knoblauchzehen** schälen und fein hacken. 2 TL **Sesamöl** (gibt's in der Asia-Ecke im Supermarkt) in einer Wok-Pfanne erhitzen. Knoblauch und Zwiebeln darin bei mittlerer Hitze 2–3 Min. andünsten. 250 g vorgegarten **Basmatireis** und 4 EL **Gemüse-brühe** untermischen und alles 4–5 Min. bei geringer Hitze garen. Reis mit **Salz, Pfeffer** und 1–2 Prisen **Zucker** abschmecken. Mit 2 EL **TK-Schnittlauchröllchen** bestreuen.

MIT KURKUMA UND ERBSEN

Für 2 Personen

2 **Frühlingszwiebeln** waschen, putzen und in dünne Ringe schneiden. 1 kleine getrocknete **Peperoni** fein zerbröseln. 1 EL **Öl** in einer Wok-Pfanne erhitzen, Zwiebeln und Peperoni darin bei mittlerer Hitze 2–3 Min. andünsten. 250 g vorgegarten **Basmatireis,** 80 g gefrorene **TK-Erbsen,** 4 EL **Gemüsebrühe** und 3–4 Prisen **Kurkumapulver** untermischen, alles 4–5 Min. bei geringer Hitze garen. Den Reis mit **Salz, Pfeffer,** 2–3 Prisen **Zucker** und 1–2 TL **Zitro-nensaft** abschmecken.

JAPAN-REISTOPF

Am besten ganz stilecht im Asia-Schälchen servieren

1 Das Hähnchenbrustfilet mit Küchenpapier trocken tupfen, Haut und Sehnen entfernen. Das Fleisch in dünne Streifen schneiden. Frühlingszwiebeln waschen, putzen und schräg in dünne Ringe schneiden (2 EL vom Grün beiseitelegen). Ingwer schälen und fein hacken.

2 In einer Wok-Pfanne 1 EL Öl erhitzen. Fleisch, Frühlingszwiebeln und den Ingwer darin unter Rühren bei mittlerer Hitze 5–6 Min. braten. Die Sojasauce, den Sherry und 1–2 Prisen Zucker zugeben, alles gut vermischen und bei geringer Hitze noch 3–4 Min. garen.

3 Übriges Öl in einer zweiten Pfanne erhitzen. Reis und Gemüsebrühe dazugeben, vermischen und bei geringer Hitze zugedeckt 2–3 Min. garen. Ei in einer kleinen Schüssel mit je 2–3 Prisen Salz und Pfeffer verrühren. Die Eiermasse unter den Reis mischen, zugedeckt 2–3 Min. garen, bis das Ei gestockt ist.

4 Eierreis mit einer Gabel durchrühren, mit Salz und Pfeffer abschmecken und in zwei Schälchen füllen. Gebratenes Hähnchen mit Salz, Pfeffer und Zucker abschmecken und auf dem Reis verteilen. Mit dem beiseitegelegten Frühlingszwiebelgrün bestreuen und servieren.

PASST GUT DAZU: Asia-Nudelsuppe mit Chinakohl und Spinat (Seite 53) als Vorspeise.

PASTA

Für Saucen-Fans und Sugo-Spezialisten

DIE SCHNELLEN 4 FÜRS NUDELKOCHEN

ASIA-NUDELN

Gibt's von breiten Glasnudeln bis geringelten Eiernudeln mittlerweile in jedem gut sortierten Supermarkt | haben alle nur kurze, also „bequeme" Garzeiten und sind darum blitzschnell fertig | machen jedes Essen dekorativ und schmackhaft | ideal als sättigende **Einlage** für alle Asia-Nudelsuppen (Seite 52–53) | können aber auch mal **Beilage** zum Beispiel zu Asia-Steaks (Seite 82) oder zu Fischwürfeln mit grünem Spargel (Seite 114) sein | oder ganz „crossover" im **Nudelsalat** (Seite 50–51) oder bei der **Zucchinipasta** (Seite 58) die normalen Nudeln ersetzen.

FRISCHE BANDNUDELN

Findet man abgepackt im Kühlregal | gibt's von schmal bis breit und oftmals auch „in Farbe": in Gelb mit Safran gefärbt, in Rot mit Tomaten und in Grün mit Spinat | haben kurze Garzeiten und sind deshalb optimal, wenn es schnell gehen soll | schmecken zu allen Pastasaucen und als Pastakombinationen wie den **Tomatennudeln** (Seite 48–49) oder **Käsenudeln** (Seite 54–55) | kann man aber auch als **Beilage** – eventuell mit etwas Butter – zum Beispiel zu französischem Filetragout (Seite 92) oder zu Fischfilet mit Limettensahne (Seite 102) servieren.

GEFÜLLTE TEIGTÄSCHCHEN

Von Ravioli bis Tortellini, mit Hackfleisch-
bis Käsefüllung – nach ein paar Minuten in
kochendem Salzwasser kann man die feinen
Sattmacher aus dem Kühlregal bereits ge-
nießen | schmecken als **Orient-Pasta** (Seite 44)
mit Hackfleisch und Joghurtdip | ebenfalls fein
als **Gratin** aus dem Backofen mit Schinken und
Käse überbacken (Seite 55) | dürfen auch mal
Tomatennudeln (Seite 48–49) oder **Käse-
nudeln** (Seite 54–55) sein | richtig lecker als
„Schnellste-nach-der-Arbeit-Suppe": die
Teigtäschchen einfach in reichlich Gemüsebrühe
al dente garen und mit je 2 EL TK-Petersilie und
geriebenem Parmesan in großen Suppentellern
oder -schüsseln anrichten.

SPAGHETTINI

Die „schlanke" Spaghetti-Schwester mit
extra kurzer Kochzeit ist im Handumdrehen
al dente gekocht auf dem Tisch | am besten
italienische Nudeln aus Hartweizengrieß
kaufen, die bleiben beim Kochen schön
bissfest und „in Form" | für alle Pastarezepte
in diesem Buch gilt aber immer die **„Bequem-
koch-Regel":** Die Gerichte schmecken eigentlich mit jeder Nudelsorte, ob kurz oder lang,
dick oder dünn – ganz nach Lust, Laune, Ge-
schmack und dem Inhalt des Vorratsschranks |
wer also gerade keine Spaghettini hat, nimmt
einfach **andere Nudeln** | pro Person rechnet
man zwischen 100–125 g ungekochte Nudeln
als **Hauptgericht** und zwischen 60–100 g als
Beilage – je nach Appetit!

ORIENT-PASTA

Würzige Teigtäschchen mit erfrischender Joghurtsauce

FÜR 2 PERSONEN

250 g Käse-Tortellini (aus dem Kühlregal, ersatzweise frische Tagliatelle)
Salz
4 Frühlingszwiebeln
1 EL Olivenöl
200 g Rinderhackfleisch
Pfeffer
rosenscharfes Paprikapulver
2 EL Ajvar
150 g Sahne-Naturjoghurt
1 Knoblauchzehe
1 EL Zitronensaft

PRO PERSON: 570 KAL.
ZUBEREITUNGSZEIT: 20 MIN.

1 Die Nudeln nach Packungsanweisung in reichlich kochendem Salzwasser al dente garen, in ein Sieb abgießen und abtropfen lassen.

2 Inzwischen die Frühlingszwiebeln waschen, putzen und in dünne Ringe schneiden. Olivenöl in einer Wok-Pfanne erhitzen. Frühlingszwiebeln und Hackfleisch darin unter Rühren bei mittlerer Hitze 5–6 Min. braten. Mit Salz, Pfeffer, Paprikapulver und Ajvar würzen.

3 Den Joghurt in eine kleine Schüssel geben. Den Knoblauch schälen und durch die Presse dazudrücken. Zitronensaft dazugeben und alles gut verrühren, mit Salz abschmecken.

4 Die abgetropften Nudeln zum Hackfleisch in die Pfanne geben, alles gut vermischen und heiß werden lassen. Orient-Pasta auf großen tiefen Tellern mit der Joghurtsauce anrichten. Nach Belieben mit Paprikapulver bestreuen.

PASST GUT DAZU: Fladenbrot mit einem Brotaufstrich aus Schafskäse (Seite 18) als Vorspeise.

PASTA MIT OLIVENPESTO

Ruck, zuck gemixt! Und mit viel Aroma!

FÜR 2 PERSONEN

250 g Nudeln (z. B. Orecchiette)
Salz
1 Knoblauchzehe
100 g schwarze oder grüne Oliven (ohne Stein)
2 EL Kapern
3 Sardellenfilets (in Öl, aus dem Glas)
2 EL Olivenöl
1 EL Balsamico Creme
1 Handvoll Basilikumblättchen
1 Fleischtomate
Cayennepfeffer
2 EL geriebener Parmesan (nach Belieben)

PRO PERSON: 675 KAL.
ZUBEREITUNGSZEIT: 20 MIN.

1 Die Nudeln nach Packungsanweisung in reichlich kochendem Salzwasser al dente garen. 3–4 EL vom Nudelkochwasser abnehmen und beiseitestellen, dann die Nudeln in ein Sieb abgießen und abtropfen lassen.

2 Inzwischen den Knoblauch schälen und mit den Oliven, Kapern, Sardellenfilets, Olivenöl, Balsamico Creme und der Hälfte der Basilikumblättchen in einem hohen Rührbecher mit einem Pürierstab grob pürieren.

3 Tomate waschen, vierteln, Stielansatz und Kerne entfernen, Fruchtfleisch in kleine Würfel schneiden. Restliche Basilikumblättchen in feine Streifen schneiden und mit den Tomatenwürfeln und dem Oliven-Mix vermischen. Pesto mit Salz und Cayennepfeffer abschmecken.

4 Das beiseitegestellte Nudelkochwasser in einer Wok-Pfanne 2–3 Min. bei geringer Hitze erwärmen. Abgetropfte Pasta und das Olivenpesto dazugeben, alles gut vermischen und heiß werden lassen. Mit Salz und Cayennepfeffer abschmecken. Nach Belieben mit geriebenem Parmesan servieren.

PASST GUT DAZU: Crostini mit Tomate und Basilikum (Seite 22) als Vorspeise.

4 x SCHNELLE TOMATENNUDELN ...

MIT MOZZARELLA

Für 2 Personen

250 g **Nudeln** (z. B. Spaghetti) nach Packungsanweisung in reichlich kochendem **Salzwasser**
al dente garen. 4 **Frühlingszwiebeln** waschen,
putzen und in dünne Ringe schneiden. 300 g
Kirschtomaten waschen, halbieren und mit
Zwiebeln, 1 TL abgeriebener **Bio-Zitronenschale** und je 3–4 EL **Olivenöl** und **Balsamico
Creme** mischen, mit **Salz** und **Pfeffer** würzen.
Vom Nudelkochwasser 3 EL abnehmen, Pasta in
ein Sieb abgießen und abtropfen lassen. Abge-
nommenes Kochwasser, Nudeln und Tomaten-
mischung in den Topf geben, vermischen und
bei geringer Hitze 2–3 Min. durchziehen lassen.
150 g **Mozzarellabällchen** vierteln und unter-
mengen, Pasta mit Salz und Pfeffer abschmecken.
Mit 2 EL geriebenem **Parmesan** (noch feiner:
frisch gehobelte Parmesanspäne) bestreuen.

MIT GEMÜSE

Für 2 Personen

1 kleine **Möhre** schälen, 3 **Frühlingszwiebeln**
und 1 Stange **Staudensellerie** waschen und
putzen, alles grob hacken. 1 **Knoblauchzehe**
schälen und fein hacken. 1 kleine getrocknete
Peperoni fein zerbröseln. 2 EL **Olivenöl** in
einem Topf erhitzen. Darin die vorbereiteten
Zutaten bei mittlerer Hitze 2–3 Min. andünsten.
1 Dose geschälte **Tomaten** (Inhalt 400 g) und
¼ l **Gemüsebrühe** untermischen, die Tomaten
mit einer Gabel leicht zerdrücken. Mit **Salz,
Pfeffer** und 1–2 Prisen **Zucker** würzen, 8–10 Min.
köcheln lassen. Mit dem Pürierstab fein pürieren,
mit Salz und Pfeffer abschmecken. Zwischendurch 250 g frische **Tagliatelle** (aus dem Kühlregal) nach Packungsanweisung in reichlich
kochendem Salzwasser in 2–3 Min. al dente
garen. Dann in ein Sieb abgießen, abtropfen
lassen und mit der Sauce auf Teller geben.

..., die immer schmecken! Ganz egal, ob die Tomaten frisch sind
oder aus der Dose kommen.

MIT PARMASCHINKEN

Für 2 Personen

3 **Frühlingszwiebeln** waschen, putzen, in dünne
Ringe schneiden. 2 Scheiben **Parmaschinken**
in feine Streifen schneiden. 1 kleine getrocknete
Peperoni fein zerbröseln. In einer Wok-Pfanne
1 EL **Olivenöl** erhitzen. Darin bei mittlerer Hitze
Zwiebeln, Schinken und Peperoni 3–4 Min. andünsten. 200 g gefrorenen **TK-Blattspinat,**
1 Dose geschälte **Tomaten** (Inhalt 400 g) und
50 ml **Gemüsebrühe** untermischen, Tomaten
mit einer Gabel leicht zerdrücken. Mit **Salz** und
Pfeffer würzen und 8–10 Min. einköcheln lassen.
Zwischendurch 250 g **Nudeln** (z. B. Farfalle)
nach Packungsanweisung in reichlich kochendem
Salzwasser al dente garen. Dann die Pasta in
ein Sieb abgießen, abtropfen lassen und mit 2 EL
geriebenem **Parmesan** und der Tomatensauce
vermischen. Mit Salz und Pfeffer abschmecken.

MIT RUCOLA

Für 2 Personen

250 g **Nudeln** (z. B. Penne) nach Packungsanweisung in reichlich kochendem **Salzwasser**
al dente garen. 2 **Knoblauchzehen** schälen und
fein hacken. 1 kleine getrocknete **Peperoni** zerbröseln. 2 EL **Olivenöl** in einer Wok-Pfanne erhitzen, Knoblauch und Peperoni darin 2–3 Min.
bei mittlerer Hitze anbraten. 300 g passierte
Tomaten (aus der Dose), 1–2 EL **Balsamico
Creme** und 100 ml **Gemüsebrühe** dazugeben,
mit **Salz** und **Pfeffer** würzen und 3–4 Min. bei
mittlerer Hitze köcheln lassen. 80 g **Rucola**
putzen, waschen, trocken schütteln und grob
hacken. Pasta in ein Sieb abgießen, abtropfen
lassen. Mit dem Rucola und 2 EL geriebenem
Pecorino (ersatzweise Parmesan) zur Sauce
geben. Mit Salz und Pfeffer abschmecken. Mit
weiteren 2 EL geriebenem **Pecorino** bestreuen.

4 x SCHNELLER NUDELSALAT ...

MIT KAPERN UND GERÖSTETEN ZWIEBELN

Für 2 Personen

2 weiße **Zwiebeln** schälen und längs halbieren, die Hälften längs in dünne Spalten schneiden. 1 **Knoblauchzehe** schälen und fein hacken. 2 EL **Olivenöl** in einer Wok-Pfanne erhitzen. Zwiebeln, Knoblauch und 1 EL getrockneten **Oregano** darin bei mittlerer Hitze 6–8 Min. braten, bis die Zwiebeln weich und leicht gebräunt sind. 2 EL **Olivenöl** mit 1 EL **Aceto balsamico**, 1 EL **Dijon-Senf**, 2 EL kleinen **Kapern**, **Salz** und **Pfeffer** verrühren. Abgekühlte Nudeln in einer Schüssel mit Zwiebel-Knoblauch-Mix und der Kapern-vinaigrette vermischen. Mit **Salz** und **Pfeffer** kräftig abschmecken.

MIT CHILI-KNOBLAUCH-VINAIGRETTE

Für 2 Personen

2 **Knoblauchzehen** schälen und fein hacken, 1 kleine getrocknete **Peperoni** zerbröseln. 4 EL **Olivenöl** in einer Wok-Pfanne erhitzen. Knoblauch, Peperoni, 3–4 Prisen **Salz** und 2 EL **TK-Petersilie** dazugeben, alles bei geringer Hitze unter Rühren 2–3 Min. andünsten. Abgekühlte Nudeln in einer Schüssel mit dem Knoblauch-Mix vermischen. 80 g **Kirschtomaten** waschen, halbieren und mit 2 EL geriebenem **Parmesan** (noch feiner: frisch gehobelte Parmesanspäne) und 2 EL **TK-Petersilie** zu den Nudeln geben, vermengen. Mit **Salz**, **Pfeffer** und 1–2 TL **Zitronensaft** abschmecken. Noch 2 EL geriebenen **Parmesan** (oder Parmesanspäne) aufstreuen.

..., der sich für eine Grillparty genauso eignet wie fürs Mitnehmen! Pro Salat 200 g kurze Nudeln (z. B. Penne) nach Packungsanweisung al dente garen, abgießen, kalt abbrausen, auskühlen lassen ... und fertig machen.

MIT OLIVEN UND MOZZARELLA

Für 2 Personen

2 **Frühlingszwiebeln** waschen, putzen und in dünne Ringe schneiden. 100 g **Kirschtomaten** waschen, in Scheiben schneiden. 50 g grüne **Oliven** mit Paprikafüllung (aus dem Glas) quer in dünne Scheiben schneiden. ½ gelbe **Paprikaschote** längs vierteln, putzen, waschen, quer in dünne Streifen schneiden. 1 kleinen **Zucchino** waschen, putzen, längs halbieren und quer in dünne Scheiben schneiden. 100 g **Mozzarella** 1 cm groß würfeln, 10 **Basilikumblättchen** fein hacken. Alle Zutaten in einer Schüssel mit den abgekühlten Nudeln und je 2 EL **Olivenöl** und **Balsamico bianco** vermischen, mit **Salz** und **Pfeffer** abschmecken.

MIT GRÜNEM SPARGEL UND GRAVED LACHS

Für 2 Personen

150 g grünen **Spargel** waschen, nach Belieben im unteren Drittel schälen, die Stangenenden abschneiden. Spargel schräg in dünne Scheiben schneiden. In einer Wok-Pfanne 1 EL **Olivenöl** erhitzen, darin den Spargel bei mittlerer Hitze 4–5 Min. braten. Je 1 TL **Honig** und abgeriebene **Bio-Orangenschale** mit je 2 EL **Orangensaft** und **Olivenöl** verrühren, mit **Salz** und **Pfeffer** würzen. Abgekühlte Nudeln mit Spargel, Honig-vinaigrette und 1 Handvoll **Basilikumblättchen** vermischen, mit **Salz** und **Pfeffer** abschmecken. 50 g **Graved Lachs** (in Scheiben) dekorativ auf dem Nudelsalat anrichten.

4 x SCHNELLE ASIA-NUDELSUPPE ...

MIT SOJASPROSSEN UND HÄHNCHENBRUST

Für 2 Personen

1 rote **Zwiebel** schälen und längs halbieren, die Hälften längs in dünne Spalten schneiden. 2 **Frühlingszwiebeln** waschen, putzen, schräg in dünne Ringe schneiden. 1 kleine getrocknete **Peperoni** fein zerbröseln. 1 EL **Öl** in einer Wok-Pfanne erhitzen. Alles darin bei mittlerer Hitze 3–4 Min. dünsten. 700 ml **Gemüsebrühe** und 3 EL **Sojasauce** dazugeben und erhitzen. 100 g **Sojasprossen** (aus dem Glas) abtropfen lassen. 120 g **Hähnchenbrustfilet** quer in ganz dünne Scheiben schneiden und mit den Sprossen zur Suppe geben, 5–6 Min. garen. Die kleiner geschnittenen **Glasnudeln** dazugeben, 2–3 Min. ziehen lassen. Die Suppe mit Sojasauce und 1–2 Prisen **Zucker** abschmecken, mit 2 EL **TK-Schnittlauchröllchen** bestreuen.

MIT BAMBUSSPROSSEN UND SCHWEINEFILET

Für 2 Personen

700 ml **Gemüsebrühe** in einem Topf erhitzen. 1 Dose **Bambussprossen** (in Streifen, Abtropfgewicht 230 g) abtropfen lassen. 1 **Knoblauchzehe** schälen und fein hacken. 3 **Frühlingszwiebeln** waschen, putzen und in dünne Ringe schneiden. 1 kleine getrocknete **Peperoni** fein zerbröseln. 60 g **Schweinefilet** quer in dünne Scheiben schneiden. Alles mit je 2 EL **Sojasauce** und süßscharfer **Chilisauce** und 1 **Sternanis** zur Brühe geben, 5–6 Min. bei mittlerer Hitze köcheln lassen. Die kleiner geschnittenen **Glasnudeln** dazugeben, 2–3 Min. ziehen lassen. Die Suppe mit Sojasauce und 1–2 TL **Limettensaft** abschmecken.

... für einen kalorienarmen Genuss. Pro Suppe 100 g breite Glasnudeln in reichlich kochendem Salzwasser 3–4 Min. garen, abgießen und kalt abbrausen, mit einer Küchenschere kleiner schneiden ... und ab in die Brühe.

MIT TOMATE UND MAIS

Für 2 Personen

700 ml **Gemüsebrühe** in einem Topf erhitzen. 3 **Frühlingszwiebeln** und 1 Stange **Staudensellerie** waschen, putzen, schräg in dünne Scheiben schneiden. 1 **Fleischtomate** mit dem Sparschäler (noch besser: Tomatenschäler mit gewellter Klinge) schälen, vierteln, Kerne und Stielansatz entfernen, das Fruchtfleisch grob würfeln. 1 Dose **Maiskörner** (Abtropfgewicht 165 g) abtropfen lassen. 1 kleine getrocknete **Peperoni** fein zerbröseln. Alles mit 1 TL abgeriebener **Bio-Limettenschale**, 2–3 EL **Sojasauce** und 1 EL **Limettensaft** zur Brühe geben, 3–4 Min. bei mittlerer Hitze köcheln lassen. Die kleiner geschnittenen **Glasnudeln** dazugeben, 2–3 Min. ziehen lassen. Die Suppe mit Sojasauce und Limettensaft abschmecken.

MIT CHINAKOHL UND SPINAT

Für 2 Personen

700 ml **Gemüsebrühe** in einem Topf erhitzen. 3 **Frühlingszwiebeln** waschen, putzen, quer in 3 gleich große Stücke teilen und diese längs in dünne Streifen schneiden. 100 g **Chinakohl** waschen, putzen und quer in dünne Streifen schneiden. 1 Stück **Ingwer** (1 cm) schälen und fein hacken. 1 kleine getrocknete **Peperoni** fein zerbröseln. 100 g gefrorenen **TK-Blattspinat** fein hacken. Alles mit je 2–3 EL **Sherry** (ersatzweise Balsamico bianco) und **Sojasauce** zur Brühe geben und 4–5 Min. bei mittlerer Hitze köcheln lassen. Die kleiner geschnittenen **Glasnudeln** dazugeben, 2–3 Min. ziehen lassen. Die Suppe mit Sojasauce und Sherry abschmecken.

4 × SCHNELLE KÄSENUDELN ...

..., die einem das Herz erwärmen und zudem auf cremig-feine Weise richtig schön satt machen.

MIT PECORINO

Für 2 Personen

250 g **Nudeln** (z.B. Spaghettini) nach Packungs-anweisung in reichlich kochendem **Salzwasser** al dente garen. Vom Nudelkochwasser 6–8 EL abnehmen, Pasta in ein Sieb abgießen und ab-tropfen lassen. 2 **Knoblauchzehen** schälen und fein hacken. 1 EL **Olivenöl** und 2 EL **Butter** in einer Wok-Pfanne erhitzen. Knoblauch darin bei geringer Hitze 2–3 Min. andünsten. Abgetropfte Nudeln, 50 g geriebenen **Pecorino** und abge-nommenes Kochwasser dazugeben, alles gut vermischen und 2–3 Min. unter Rühren köcheln lassen, bis der Käse geschmolzen ist. Nudeln mit **Salz** und **Pfeffer** abschmecken.

„QUATTRO FORMAGGI"

Für 2 Personen

250 g **Nudeln** (z.B. Orecchiette) nach Packungs-anweisung in reichlich kochendem **Salzwasser** al dente garen. Vom Nudelkochwasser 3–4 EL abnehmen, Pasta in ein Sieb abgießen und ab-tropfen lassen. Abgenommenes Kochwasser und 2 EL **Weißwein** (nach Belieben, ansonsten 1–2 EL mehr Nudelkochwasser verwenden) in einer Wok-Pfanne erhitzen. 100 g geriebenen **Tilsiter** und **Edamer** und je 2 EL geriebenen **Pecorino** und **Parmesan** dazugeben, Käse bei geringer Hitze schmelzen lassen. Abgetropfte Nudeln und 1 EL **Butter** dazugeben, alles gut vermischen, mit **Salz** und **Pfeffer** abschmecken.

MIT KÄSE-TORTELLINI

Für 2 Personen

Backofen auf 200° (Umluft 180°) vorheizen. 250 g **Käse-Tortellini** (aus dem Kühlregal) in reichlich kochendem Salzwasser 2–3 Min. garen, in ein Sieb abgießen und abtropfen lassen. 4 EL **Crème fraîche**, 2 **Eier** (M) und 2 EL geriebenen **Gratin-Käse** verrühren, mit **Salz, Pfeffer** und frisch geriebener **Muskatnuss** würzen. 50 g rohen **Schinken** (z. B. Parmaschinken oder Südtiroler Schinken) in feine Streifen schneiden und mit den abgetropften Tortellini unter die Crème-fraîche-Masse mischen. 2 Gratinförmchen mit je 1 TL **Butter** einfetten, den Tortellini-Mix darin verteilen und mit je 1 EL **Gratin-Käse** bestreuen. Im Ofen (Mitte) in etwa 15 Min. hellbraun backen, dann nach Belieben im ausgeschalteten Ofen noch etwa 5 Min. ruhen lassen. Die Förmchen aus dem Ofen nehmen und auf große flache Teller stellen, die Käsenudeln so servieren.

MIT LIMBURGER UND EMMENTALER

Für 2 Personen

1 weiße **Zwiebel** schälen und längs halbieren, die Hälften quer in dünne Streifen schneiden. 1 EL **Öl** in einer kleinen Pfanne erhitzen, darin die Zwiebeln bei mittlerer Hitze in 6–8 Min. hellbraun braten, vom Herd nehmen. 250 g **Nudeln** (z. B. Fusilli) nach Packungsanweisung in reichlich kochendem **Salzwasser** al dente garen, in ein Sieb abgießen, abtropfen lassen. Die Rinde von 100 g **Limburger Käse** entfernen. Den Käse grob würfeln, mit je 1 EL **Butter** und **Balsamico bianco** und 2 EL **Gemüsebrühe** in einer Wok-Pfanne bei geringer Hitze schmelzen lassen. Die abgetropften Nudeln und 100 g geriebenen **Emmentaler** dazugeben, alles gut vermischen. Zugedeckt 2–3 Min. erhitzen, bis der Käse geschmolzen ist. Mit **Salz** und **Pfeffer** würzen, gebratene Zwiebeln untermischen und 2–3 EL **TK-Schnittlauchröllchen** aufstreuen.

PASTA MIT CREMA DI PEPERONI

Mit raffiniertem Sardellen-Kick

FÜR 2 PERSONEN

250 g Nudeln (z. B. Spaghettini)
Salz
1 Knoblauchzehe
2 Sardellenfilets (in Öl, aus dem Glas)
1 kleine getrocknete Peperoni
200 g geröstete, gehäutete Paprika-schoten (aus dem Glas)
1 EL Olivenöl
100 ml Gemüsebrühe
100 g Sahne
Cayennepfeffer

PRO PERSON: 700 KAL.
ZUBEREITUNGSZEIT: 15 MIN.

1 Die Nudeln nach Packungsanweisung in reichlich kochendem Salzwasser al dente garen.

2 Inzwischen den Knoblauch schälen und fein hacken. Sardellenfilets auf Küchenpapier abtropfen lassen, ebenfalls fein hacken. Peperoni mit den Fingern zerbröseln. Paprikaschoten auf Küchenpapier abtropfen lassen, grob hacken.

3 In einem Topf das Olivenöl erhitzen. Knoblauch, Sardellen und Peperoni darin 2–3 Min. bei mittlerer Hitze andünsten.

4 Paprikaschoten zum Knoblauch-Sardellen-Mix in den Topf geben. Die Gemüsebrühe und die Sahne angießen, alles vermischen, mit Salz und Cayennepfeffer würzen und 4–5 Min. bei mittlerer Hitze köcheln lassen.

5 Die Sauce mit einem Pürierstab fein pürieren, mit Salz und Cayennepfeffer abschmecken. Die Nudeln in ein Sieb abgießen, abtropfen lassen und mit der Sauce servieren.

PASST GUT DAZU: Crostini mit Arti-schockencreme und Thunfisch (Seite 23) als Vorspeise.

ZUCCHINIPASTA

Der Clou: goldbraun gebratene Gemüsescheibchen

FÜR 2 PERSONEN

----

250 g Nudeln (z. B. Spaghettini)
Salz
250 g Zucchini
2–3 EL Olivenöl
1 Handvoll Basilikumblättchen
2 EL Butter
2 EL geriebener Pecorino
Pfeffer

PRO PERSON: 700 KAL.
ZUBEREITUNGSZEIT: 20 MIN.

1 Die Nudeln nach Packungsanweisung in reichlich kochendem Salzwasser al dente garen, in ein Sieb abgießen, abtropfen lassen.

2 Inzwischen die Zucchini waschen, putzen und in dünne Scheiben hobeln. Das Olivenöl in einer großen beschichteten Pfanne erhitzen. Die Zucchinischeiben darin bei mittlerer Hitze von jeder Seite 3–4 Min. braten, bis sie goldbraun sind.

3 Die Basilikumblättchen fein hacken und mit der Butter zu den Zucchinischeiben geben, alles weitere 2–3 Min. braten.

4 Die abgetropften Nudeln und den Pecorino mit in die Pfanne geben, alles gut vermischen. Die Zucchinipasta kräftig mit Salz und Pfeffer abschmecken.

PASST GUT DAZU: schnelle Rohkost mit Sardellendip (Seite 72) als Vorspeise.

GEMÜSE

Lust auf knackig-frisches Grünzeug? Ja, bitte!

DIE SCHNELLEN 4 FÜR DIE GEMÜSEKÜCHE

ZUCCHINI

Im Handumdrehen einsatzbereit: nur fix waschen und die Enden abschneiden | **schmecken roh, gekocht und gebraten** | **kann man im Kühlschrank ohne Probleme einige Tage aufbewahren** | liefern nicht nur Aroma für den Geschmack, sondern auch Grün fürs Auge – im **Gemüsetopf** (Seite 64), in der **Shrimpssuppe** (Seite 109) oder mit **Pasta** (Seite 58) | Schnelles für den kleinen Hunger: **Zucchinichips** – die Zucchini der Länge nach in dünne Scheiben schneiden, salzen, in Mehl wenden und in Olivenöl knusprig ausbraten, dann am besten mit einem Sauerrahm- oder Feldsalatdip (Seite 94) servieren.

FLEISCHTOMATEN

Unbedingt schöne rote, vollreife Früchte kaufen, die haben das meiste Aroma | **für den Einsatz einfach halbieren, Kerne und Stielansatz entfernen und das Fruchtfleisch in Würfel oder Spalten schneiden** | wer mag, kann vorher noch die Haut mit einem Sparschäler abschälen, das geht bei der Größe dieser Tomaten ganz schnell und leicht | gibt **Blitz-Paella** (Seite 32), **Asia-Nudelsuppe** (Seite 52–53) oder **Goa-Blumenkohlpfanne** (Seite 68) den schnellen, tomatigen Frischekick | auch schön: gewürfeltes Tomatenfruchtfleisch pürieren, mit Salz, Pfeffer, Tabasco und Worcestersauce abschmecken und als kleinen **Gemüse-Shot** servieren.

TK-GEMÜSE

Ob tiefgekühlter Spinat, Brokkoli oder Blumenkohl – hier muss man nichts mehr putzen oder waschen | was bedeutet: gleich aus dem Tiefkühlfach ab in die Pfanne oder den Topf | enthält oft mehr Vitamine als lange im Supermarkt gelagerte Frischware, da gleich nach der Ernte schockgefrostet | gibt es mittlerweile auch schon häufig in **Bio-Qualität** | schmeckt 1a in Reisgerichten wie etwa **Orient-Reis** mit Kurkuma und Erbsen (Seite 37) | gibt **Pastasaucen,** zum Beispiel mit Parmaschinken (Seite 49), den fixen Gemüse-kick | macht **Asia-Nudelsuppen** (Seite 52–53) schön bunt | optimal als schnelle **„italieni-sche" Beilage** – in Olivenöl mit fein gehacktem Knoblauch andünsten, salzen, pfeffern und mit geriebenem Parmesan bestreut servieren.

GRÜNER SPARGEL

Perfekt für die faule Küche: Gemüse mit minimalem Putzbedarf – einfach waschen und die Enden abschneiden, fertig! | als wahrer **Allrounder** immer gern gesehen – die aromatischen grünen Stangen eignen sich zum Braten und Kochen, für Suppen und Saucen, als Beilage und zu noch viel mehr | äußerst lecker als **vegetarisches Hauptgericht** (Seite 66–67) | auch schön im **Nudelsalat** (Seite 51) oder in raffinierten **Fischgerichten** (Seite 114) | unbe-dingt mal probieren – **Spargel-Carpaccio:** Spargel schräg in feinste Scheiben schneiden oder hobeln und roh mit Rucola, dünnen Erd-beerscheiben und einem Limettendressing (Seite 72) auf großen flachen Tellern anrichten.

TOSKANA–GEMÜSETOPF

Bunter Vitamin-Mix mit südlichem Flair

FÜR 2 PERSONEN

- **1 kleiner Zucchino**
- **1 Zwiebel**
- **1 große Kartoffel** (festkochend oder vorwiegend festkochend)
- **100 g geröstete, gehäutete Paprikaschoten** (aus dem Glas)
- **1 Knoblauchzehe**
- **1 EL Olivenöl**
- **1 Dose geschälte Tomaten** (Inhalt 400 g)
- **¼ l Gemüsebrühe**
- **Salz**
- **Cayennepfeffer**
- **3 EL TK-Petersilie**
- **1 EL Aceto balsamico** (nach Belieben)
- **2 EL geriebener Parmesan** (nach Belieben)

PRO PERSON: 190 KAL.
ZUBEREITUNGSZEIT: 25 MIN.

1 Zucchino waschen, putzen, längs halbieren und quer in dünne Scheiben schneiden. Zwiebel schälen, längs halbieren und die Hälften längs in dünne Spalten schneiden. Kartoffel schälen, waschen, längs vierteln und quer in dünne Scheiben schneiden.

2 Die gerösteten Paprikaschoten auf Küchenpapier kurz abtropfen lassen, längs halbieren und quer in dünne Streifen schneiden. Knoblauch schälen und fein hacken.

3 Olivenöl in einem Topf oder einer Wok-Pfanne erhitzen. Darin Zucchino, Zwiebel und Knoblauch unter Rühren 3–4 Min. bei mittlerer Hitze andünsten.

4 Kartoffel und Paprika mit den Tomaten und der Gemüsebrühe zum Zucchini-Zwiebel-Mix geben, die Tomaten mit einer Gabel leicht zerdrücken. Gemüsetopf mit Salz und Cayennepfeffer würzen und zugedeckt 10–12 Min. köcheln lassen.

5 Unter den Gemüsetopf 2 EL Petersilie und nach Belieben den Aceto balsamico mischen, mit Salz und Cayennepfeffer abschmecken. Mit der restlichen Petersilie und nach Belieben mit Parmesan bestreut servieren.

PASST GUT DAZU: Crostini mit Olivencreme und Kapernäpfeln (Seite 23) oder Baguette mit Avocado-Brotaufstrich (Seite 18).

4 × SCHNELLER GRÜNER SPARGEL ...

MIT KRÄUTERBUTTER

Für 2 Personen

Den Backofen auf 180° (Umluft 160°) vorheizen. 250 g grünen **Spargel** waschen, die Enden abschneiden. Ein Stück Backpapier auf ein Backblech legen, Spargel in die Mitte des Papiers legen. 2–3 EL **Kräuterbutter** (aus dem Kühlregal) in Flöckchen auf dem Spargel verteilen. Mit **Salz** und **Pfeffer** würzen, mit 5 EL **Orangensaft** beträufeln. Das Papier über dem Spargel zusammenfalten, die Enden wie ein Päckchen verschließen. Das Blech in den Ofen (Mitte) schieben und den Spargel 12–14 Min. garen.

PASST GUT DAZU: in Salzwasser gekochte, neue Bio-Kartoffeln mit Schale oder Risotto mit Radicchio (Seite 35).

MIT ZITRONE

Für 2 Personen

250 g grünen **Spargel** waschen und die Enden abschneiden. Die Stangen schräg halbieren, in kochendem **Salzwasser** 4–5 Min. garen, in ein Sieb abgießen, abtropfen lassen. 3 EL **Butter** mit 2 TL abgeriebener **Bio-Zitronenschale** in einer Wok-Pfanne bei geringer Hitze schmelzen lassen. Den Spargel und 1–2 EL **Zitronensaft** dazugeben. Mit **Salz, Pfeffer** und 1–2 Prisen **Zucker** würzen, Spargel noch 3–4 Min. garen. Mit 3 EL geriebenem **Parmesan** (noch feiner: frisch gehobelte Parmesanspäne) bestreuen.

PASST GUT DAZU: knusprig gebratene Spiegeleier, wachsweich gekochte Eier oder Risotto mit Frühlingszwiebeln (Seite 34).

... für einen feinwürzigen Gemüsekick. Optimal als aromareiche Vorspeise oder mit einer passenden „Beilage" als vegetarisches Hauptgericht.

MIT MANDELN

Für 2 Personen

250 g grünen **Spargel** waschen und die Enden abschneiden. Die Stangen schräg halbieren, in kochendem Salzwasser 4–5 Min. garen, in ein Sieb abgießen, abtropfen lassen. 1 **Knoblauchzehe** schälen und fein hacken. 3 EL **Butter** in einer Wok-Pfanne bei geringer Hitze schmelzen lassen. Knoblauch, 3 EL gehackte **Mandeln** und den Spargel dazugeben, mit **Salz** und **Pfeffer** würzen und den Spargel noch 3–4 Min. garen, bis die Mandeln hellbraun sind.

PASST GUT DAZU: Risotto mit Gemüse (Seite 35), Kartoffelpüree mit Sellerie (Seite 88) oder französisches Filetragout (Seite 92).

MIT BASILIKUM

Für 2 Personen

250 g grünen **Spargel** waschen und die Enden abschneiden. Stangen schräg in dünne Scheiben schneiden. 4 **Frühlingszwiebeln** waschen, putzen und schräg in dünne Ringe schneiden. 1 EL **Butter** mit 1 TL **Öl** in einer Wok-Pfanne erhitzen. Darin Spargel und Zwiebeln 3–4 Min. bei mittlerer Hitze andünsten. 10 **Basilikumblättchen** fein hacken und mit 100 g gefrorenen **TK-Erbsen**, 100 ml **Gemüsebrühe** und 100 g **Sahne** dazugeben, in 5–6 Min. fertig garen. Mit **Salz, Pfeffer**, 1–2 Prisen **Zucker** und nach Belieben 1–2 TL **Zitronensaft** abschmecken.

PASST GUT DAZU: Kartoffelpüree mit Knoblauch (Seite 88).

GOA-BLUMENKOHLPFANNE

Schnell und simpel – mit Bio-Röschen aus dem Tiefkühlfach

FÜR 2 PERSONEN

- 1 Knoblauchzehe
- 1 Stück Ingwer (etwa 1 cm)
- 1 kleine getrocknete Peperoni
- 1 weiße Zwiebel
- 1 EL Öl
- 450 g TK-Bio-Blumenkohlröschen
- 150 ml Gemüsebrühe
- Salz
- Pfeffer
- gemahlener Kreuzkümmel
- Kurkumapulver
- 1 Fleischtomate
- 1–2 EL Limettensaft

PRO PERSON: 150 KAL.
ZUBEREITUNGSZEIT: 20 MIN.

1 Den Knoblauch und Ingwer schälen und fein hacken. Die Peperoni mit den Fingern fein zerbröseln. Zwiebel schälen und längs halbieren, die Hälften längs in dünne Spalten schneiden.

2 Das Öl in einer Wok-Pfanne erhitzen. Knoblauch, Ingwer, Peperoni und Zwiebel darin unter Rühren bei mittlerer Hitze 3–4 Min. andünsten.

3 Die gefrorenen Blumenkohlröschen und die Gemüsebrühe dazugeben, alles gut vermischen. Mit Salz, Pfeffer und je 4–5 Prisen Kreuzkümmel und Kurkuma würzen. Das Gemüse 6–8 Min. köcheln lassen.

4 Die Tomate waschen oder mit einem Sparschäler (noch besser: ein Tomatenschäler mit gewellter Klinge) rundherum schälen. Tomate vierteln, Stielansatz und Kerne entfernen, das Fruchtfleisch längs in dünne Spalten schneiden.

5 Die Tomatenspalten zum Blumenkohl geben, mit Salz, Pfeffer, Kreuzkümmel, Kurkuma und Limettensaft abschmecken und servieren.

PASST GUT DAZU: Rohkost mit Chilidressing (Seite 73) als Vorspeise oder Orient-Reis mit Cashewnüssen und Safran (Seite 36) als Beilage.

GRÜNER BOHNENTOPF

Mit würzigem Schafskäse kombiniert

FÜR 2 PERSONEN

- 1 Knoblauchzehe
- 4 Frühlingszwiebeln
- 300 g kleine neue Bio-Kartoffeln (festkochend oder vorwiegend festkochend)
- 1 Fleischtomate
- 2 EL Olivenöl
- 300 grüne TK-Bohnen
- 4 EL TK-Petersilie
- 300 ml Gemüsebrühe
- Salz
- Pfeffer
- 1–2 TL Zitronensaft (nach Belieben)
- 100 g Schafskäse (Feta)

PRO PERSON: 445 KAL.
ZUBEREITUNGSZEIT: 30 MIN.

1 Den Knoblauch schälen und fein hacken. Die Frühlingszwiebeln waschen, putzen und schräg in dünne Ringe schneiden. Die Kartoffeln gründlich waschen und je nach Größe samt Schale längs halbieren oder vierteln.

2 Tomate waschen oder mit einem Sparschäler (noch besser: ein Tomatenschäler mit gewellter Klinge) rundherum schälen. Tomate vierteln, Stielansatz und Kerne entfernen, das Fruchtfleisch längs in dünne Spalten schneiden.

3 Das Olivenöl in einer Wok-Pfanne erhitzen, Knoblauch und Frühlingszwiebeln darin unter Rühren 2–3 Min. bei mittlerer Hitze andünsten. Die gefrorenen Bohnen und die Kartoffeln, 2 EL Petersilie und die Hälfte der Tomaten zugeben. Die Gemüsebrühe angießen, alles vermischen und zugedeckt 10–12 Min. köcheln lassen.

4 Dann übrige Tomatenspalten dazugeben und den Bohnentopf mit Salz, Pfeffer und nach Belieben Zitronensaft abschmecken. Schafskäse mit den Fingern zerbröseln und mit der übrigen Petersilie über den Bohnentopf streuen.

PASST GUT DAZU: Baguette mit einem Brotaufstrich aus getrockneten Tomaten (Seite 19).

4 x SCHNELLE ROHKOST ...

MIT LIMETTENDRESSING

Für 2 Personen

1 kleine Knolle **Fenchel** waschen, putzen und
längs halbieren, den harten Strunk keilförmig
herausschneiden. Fenchelhälften der Länge
nach in dünne Streifen hobeln. 1 **Bio-Mini-
Salatgurke** waschen und längs halbieren, die
Kerne mit einem kleinen Löffel herausschaben.
Die Gurkenhälften quer in dünne Scheiben
schneiden. Fenchel und Gurke mit 2–3 Prisen
Salz in einer Schüssel vermischen. 1 Knob-
lauchzehe schälen, fein hacken und mit 3 EL
Olivenöl und 1 ½ EL **Limettensaft** verrühren.
Mit **Salz, Pfeffer** und ½ TL **Zucker** würzen.
Dressing zu dem Fenchel-Gurken-Mix geben,
alles vermischen, Rohkost abschmecken.

MIT SARDELLENDIP

Für 2 Personen

8 **Radicchioblätter** waschen, trocken tupfen.
2 **Möhren** schälen, 2 Stangen **Staudensellerie**
waschen und putzen, beides längs vierteln. Alles
auf einer Platte anrichten. 2 **Knoblauchzehen**
schälen und mit 6 **Sardellenfilets** (in Öl, aus
dem Glas) fein hacken. 3 EL **Olivenöl** in einer
kleinen Pfanne erhitzen. Die Sardellenfilets und
den Knoblauch darin bei mittlerer Hitze 3–4 Min.
andünsten. 50 ml **Weißwein** (ersatzweise Fischfond aus dem Glas) und 1 EL **Zitronensaft** unterrühren, alles 3–4 Min. köcheln lassen, bis keine
Sardellenstückchen mehr zu sehen sind. Mit
Salz und **Pfeffer** abschmecken. Den Dip in eine
kleine feuerfeste Schüssel füllen und auf ein
Stövchen stellen, damit er warm bleibt. Die Rohkost zum Dippen dazu servieren.

... für einen frischen Knabberspaß mit raffinierter Würze. Und der Clou: Alle Gemüse- und Salatsorten und die Saucen können ganz nach Gusto ausgetauscht werden. Die Rohkost schmeckt immer – auch im Büro!

MIT CURRYDRESSING

Für 2 Personen

2 **Möhren** schälen, 2 Stangen **Staudensellerie** waschen und putzen, beides ganz grob raspeln. 1 gelbe **Paprikaschote** vierteln und putzen, waschen und quer in feine Streifen schneiden. 1 **Knoblauchzehe** und 1 Stück **Ingwer** (1 cm) schälen, sehr fein hacken und in einer großen Schüssel mit 50 ml **Kokosmilch,** 1 EL **Limetten-saft,** 1–2 EL süßscharfer **Chilisauce** und je 2–3 Prisen **Salz, Currypulver** und gemahlenem **Koriander** und **Kreuzkümmel** verrühren. Das Gemüse mit dem Currydressing gut vermischen. 2–3 EL geröstete, gesalzene **Cashewnüsse** grob hacken, über die Rohkost streuen.

MIT CHILIDRESSING

Für 2 Personen

2 **Bio-Mini-Salatgurken** waschen, der Länge nach halbieren, Kerne mit einem kleinen Löffel herausschaben, die Gurkenhälften längs in dünne Streifen schneiden. 120 g **Kirschtomaten** waschen und halbieren. Gurken und Tomaten in einer großen Schüssel mit 2–3 EL süßscharfer **Chilisauce** und 1–2 EL **Zitronensaft** vermischen, mit Salz abschmecken. 2 EL geröstete, gesal-zene Erdnüsse grob hacken und über die Roh-kost streuen.

4 x SCHNELLER COUSCOUS ...

MIT LINSENRAGOUT

Für 2 Personen

200 g festkochende **Kartoffeln** schälen und waschen, 1 cm groß würfeln. 80 g rote **Linsen** in einem Sieb abbrausen. 1 **Zwiebel** schälen, halbieren und in dünne Spalten schneiden. 1 **Knoblauchzehe** und 1 Stück **Ingwer** (1 cm) schälen und fein hacken. 1 kleine getrocknete **Peperoni** fein zerbröseln. 1 EL **Olivenöl** in einer Wok-Pfanne erhitzen, alles darin bei mittlerer Hitze 2–3 Min. andünsten. 1 Dose geschälte **Tomaten** (Inhalt 400 g) dazugeben, Tomaten leicht zerdrücken. Kartoffeln, Linsen und 300 ml **Gemüsebrühe** untermischen. Das Ragout mit **Salz, Pfeffer**, je ½ TL **Kurkumapulver**, gemahlenem **Kreuzkümmel** und **Koriander** sowie 1–2 TL **Zitronensaft** würzen, 12–14 Min. köcheln lassen. 4 EL **Kokosraspel** in einer Pfanne ohne Fett hellbraun rösten. Ragout mit Couscous anrichten, mit den Kokosraspeln bestreuen.

MIT KICHERERBSENCURRY

Für 2 Personen

4 **Frühlingszwiebeln** waschen, putzen und schräg in dünne Ringe schneiden. **1 Knoblauchzehe** schälen und fein hacken. 1 kleinen **Apfel** waschen, vierteln, entkernen und klein würfeln. 1 EL **Butter** in einer Wok-Pfanne erhitzen, alles darin bei mittlerer Hitze 2–3 Min. andünsten. 1 Dose **Kichererbsen** (Abtropfgewicht 240 g) in ein Sieb abgießen, abbrausen und abtropfen lassen. Mit 150 ml **Gemüsebrühe**, 3 EL **Crème fraîche** und 1 EL **Zitronensaft** in die Pfanne geben, verrühren. Alles mit 1 TL **Currypulver** und je 3–4 Prisen **Salz** und **Cayennepfeffer** würzen, 5–6 Min. köcheln lassen. Das Curry mit Couscous anrichten.

... als Basis für Curry, Ragout & Co.: pro Rezept 125 g Instant-Couscous mit 150 ml kochend heißer Gemüsebrühe, 2–3 Prisen Kurkumapulver und 1 TL Olivenöl vermischen, 5 Min. quellen lassen, durchrühren, fertig.

MIT SÜSSKARTOFFELN

Für 2 Personen

1 **Knoblauchzehe** schälen und fein hacken. 1 kleine getrocknete **Peperoni** fein zerbröseln. 1 rote **Zwiebel** schälen, halbieren und in dünne Spalten schneiden. 1 EL **Olivenöl** in einer Wok-Pfanne erhitzen, alles darin bei mittlerer Hitze 3–4 Min. andünsten. 1 große **Möhre** und 1 **Süß-kartoffel** (150 g, ersatzweise Kürbis) schälen, längs halbieren und quer in dünne Scheiben schneiden, in die Pfanne geben und 2–3 Min. mitdünsten. ¼ l **Gemüsebrühe** dazugießen, mit je 3–4 Prisen **Currypulver**, gemahlenem **Koriander** und **Kreuzkümmel, Salz, Pfeffer** und 1–2 TL **Limettensaft** würzen, 6–8 Min. köcheln lassen. 3 EL **Kürbiskerne** in einer Pfanne ohne Fett hellbraun rösten. Ragout mit Couscous anrichten, Kürbiskerne aufstreuen.

MIT MASALA-SPINAT

Für 2 Personen

3 **Frühlingszwiebeln** waschen, putzen und in dünne Ringe schneiden. 1 **Knoblauchzehe** schälen und fein hacken. 1 kleine getrocknete **Peperoni** fein zerbröseln. 1 EL **Öl** in einer Wok-Pfanne erhitzen, alles darin bei mittlerer Hitze 2–3 Min. andünsten. 200 g gefrorenen **TK-Blattspinat** fein hacken und mit 1 Dose geschälten **Tomaten** (Inhalt 400 g) dazugeben, die Tomaten leicht zerdrücken. 1 EL gekörnte **Gemüsebrühe** untermischen, Spinat mit **Salz, Pfeffer** und je 2–3 Prisen **Kurkumapulver**, gemahlenem **Kreuzkümmel** und **Koriander** würzen, 5–6 Min. köcheln lassen. Den Spinat mit Couscous servieren.

GEMÜSE—BOUILLABAISSE

Mit provenzalischem Safran-Orangen-Aroma

FÜR 2 PERSONEN

- -

1 kleine Stange Lauch
1 kleiner Zucchino
1 kleine Knolle Fenchel
1 Stange Staudensellerie
1 Knoblauchzehe
2 EL Olivenöl
600 ml Gemüsebrühe
1 Döschen gemahlener Safran (0,1 g)
1 TL abgeriebene Bio-Orangenschale
2 EL Orangensaft
Salz
Pfeffer
1 Fleischtomate
2 EL TK-Petersilie

- -

PRO PERSON: 155 KAL.
ZUBEREITUNGSZEIT: 30 MIN.

1 Den Lauch putzen, längs einschneiden und waschen, dann quer in dünne Ringe schneiden. Den Zucchino waschen, putzen, längs halbieren und quer in dünne Scheiben schneiden. Den Fenchel waschen, putzen, längs halbieren und den harten Strunk keilförmig herausschneiden. Fenchelhälften quer in dünne Streifen schneiden. Die Selleriestange waschen, putzen und quer in dünne Scheiben schneiden. Den Knoblauch schälen und fein hacken.

2 Das Olivenöl in einem Topf erhitzen. Knoblauch und das Gemüse darin unter Rühren bei mittlerer Hitze 3–4 Min. andünsten. Gemüsebrühe, Safran, Orangeschale und Orangensaft dazugeben, alles mit Salz und Pfeffer würzen und zugedeckt 8–10 Min. garen.

3 Tomate waschen oder mit einem Sparschäler (noch besser: ein Tomatenschäler mit gewellter Klinge) rundherum schälen. Die Tomate vierteln, Stielansatz und Kerne entfernen, das Fruchtfleisch grob würfeln. Mit der Petersilie zu der Bouillabaisse geben, mit Salz und Pfeffer abschmecken und servieren.

PASST GUT DAZU: Croûtons – dafür 2 Scheiben Toastbrot würfeln und mit 1 EL Olivenöl und 1 geschälten Knoblauchzehe in einer kleinen Pfanne bei mittlerer Hitze goldbraun und knusprig braten. Die Suppe mit Knoblauch-Croûtons bestreut servieren.

FLEISCH

Wir lieben Braten, Schmoren, Grillen ...

DIE SCHNELLEN 4 FÜR FLEISCHLIEBHABER

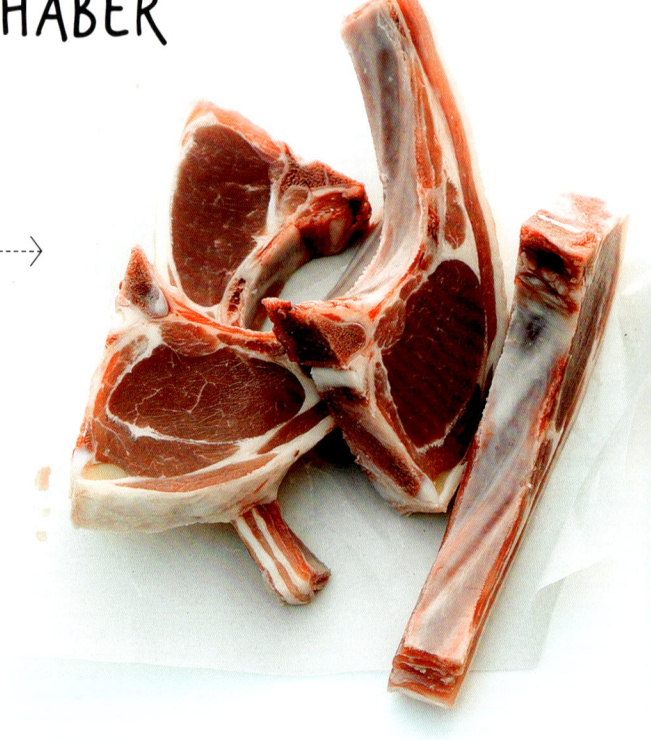

LAMMKOTELETTS

Klein, fein und blitzschnell fertig | wegen möglicher Knochensplitter stets abbrausen und mit Küchenpapier trocken tupfen | sind „rosa" gebraten besonders zart | schmecken als kurz gebratene **Naturkoteletts** zu Couscous mit Linsenragout, Kichererbsencurry, Masala-Spinat oder Süßkartoffeln (Seite 74–75), grünem Spargel mit Kräuterbutter (Seite 66) oder Pasta mit Crema di Peperoni (Seite 56) | im Sommer perfekt fürs **faule Grillen:** einfach „griechisch" mit Olivenöl, Zitronensaft und etwas Knoblauch marinieren oder mal „asiatisch" mit Sesamöl, fein gehacktem Ingwer und Limettensaft.

ENTENBRUSTFILET

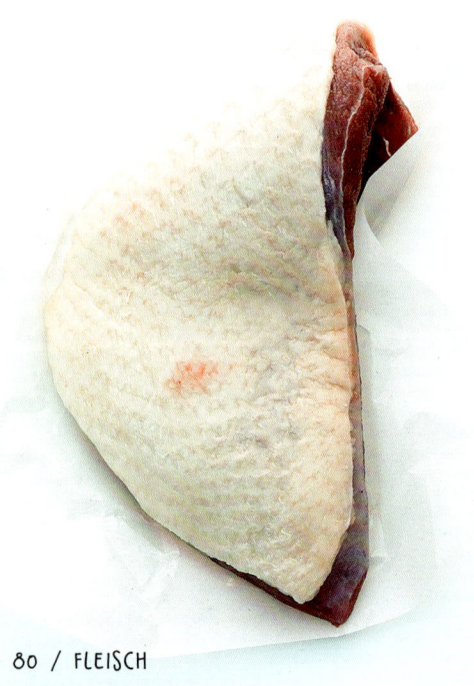

Echt bequemes „Edel"-Geflügel: Haut mit einem scharfen Messer leicht einschneiden, Filet auf der Hautseite kurz in der Pfanne anbraten, dann einmal gewendet im Ofen fertig garen | zum Servieren am besten schräg in dünne Scheiben schneiden | schmeckt als feines **Sommeressen** zu Rohkost mit Limetten-dressing (Seite 72) oder mit Zucchinipasta (Seite 58) oder auch schnellem grünen Spargel mit Mandeln (Seite 67) | lässt einem als **Filet-Sandwich** das Wasser im Munde zusammen-laufen: aufgeschnittenes Baguette mit Avocado- oder Schafskäseaufstrich (Seite 18) bestreichen und die gebratenen Filetscheiben darauf auffä-chern | ein wahrer Hochgenuss als **Orient-Ente** zu Couscous mit Süßkartoffeln (Seite 75).

KALBSSCHNITZEL

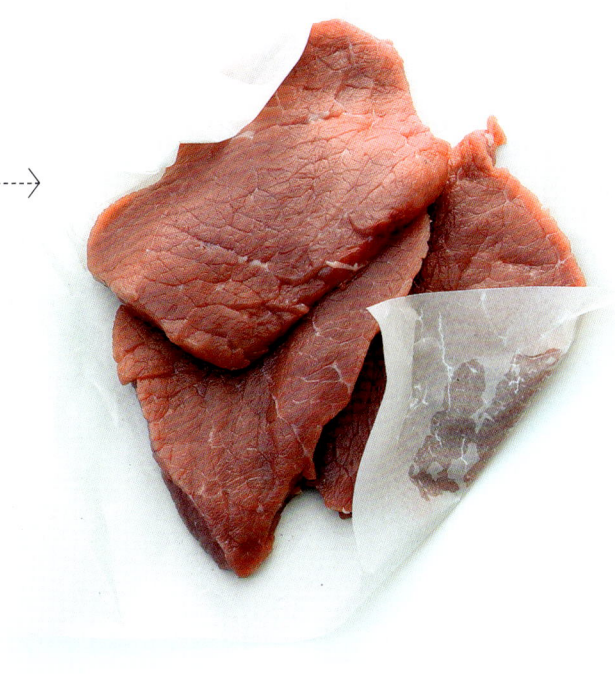

Herrlich zart, dafür nicht ganz billig | am besten an der Fleischtheke „italienisch", also schön dünn, schneiden lassen – das hält die Garzeit kurz | oder aber dickere Schnitzel mit der platten Seite des Fleischklopfers zwischen Klarsichtfolie dünner klopfen | stets gut: schnell als **Naturschnitzel** gebraten zu Risotto (Seite 34–35), Tomatennudeln (Seite 48–49) oder grünem Spargel (Seite 66–67) servieren | kann man aber auch statt des Schweinefilets für das **französische Filetragout** (Seite 92) schnetzeln | ebenfalls klasse: statt des Rindersteaks mit der **Asia-Sauce** (Seite 82) auf den Tisch stellen.

RINDERSTEAK

Gibt es von Entrecôte bis Hüftsteak, von Lendensteak bis Filetsteak | kann man im Kühlschrank auch mal 2–3 Tage aufheben | bestens geeignet zum Einfrieren – schmeckt dann oft sogar noch besser | zum Auftauen die Steaks am Morgen aus dem Tiefkühlfach nehmen, Verpackung entfernen, Fleisch auf einem Teller im Kühlschrank bis zum Abend langsam auftauen lassen | sehr lecker mit fertiger **Kräuterbutter** und feinen **Saucen**, aber auch mit **Asia-Gewürzen** oder **Tomatensalsa** | ebenfalls schön vom Grill zu **Nudelsalat** mit Chili-Knoblauch-Vinaigrette (Seite 50) oder zur **Rohkost** mit Currydressing (Seite 73) | oder mal statt des Kalbsschnitzels auf **Palermo-Art mit Rucola und Tomate** (Seite 90) | wer's scharf mag: rosa gebratenes Steak lauwarm abkühlen lassen, quer in dünne Scheiben schneiden und mit Chilidip (Seite 95), grob geraspelter Möhre und Bio-Mini-Salatgurke vermischt als **Asia-Fleischsalat** servieren.

ASIA-STEAKS

Getoppt mit einer raffinierten Sesamsauce

FÜR 2 PERSONEN

2 Rindersteaks (z.B. Entrecôte, je etwa 200 g schwer und 2 cm dick)
Salz
Pfeffer
1–2 EL Öl
1 Knoblauchzehe
1 Stück Ingwer (etwa 1 cm)
1 kleine getrocknete Peperoni
1 EL Sesamöl (gibt es in der Asia-Ecke im gut sortierten Supermarkt)
2 EL Sesamsamen
3 EL Sojasauce
4 EL Gemüsebrühe
½ TL Zucker
gemahlener Koriander

PRO PERSON: 460 KAL.
ZUBEREITUNGSZEIT: 20 MIN.

1 Den Backofen auf 80° vorheizen (Ober- und Unterhitze nehmen, Umluft ist hier nicht geeignet). Steaks mit Küchenpapier trocken tupfen, auf beiden Seiten mit Salz und Pfeffer würzen.

2 Das Öl in einer feuerfesten beschichteten Pfanne erhitzen. Die Steaks darin auf jeder Seite 2–3 Min. bei mittlerer Hitze anbraten. Dann die Pfanne in den Ofen (Mitte) schieben und die Steaks 5–6 Min. garen (so werden sie „medium", sind also innen noch rosa).

3 Inzwischen Knoblauch und Ingwer schälen und fein hacken. Peperoni mit den Fingern fein zerbröseln. Sesamöl in einer zweiten Pfanne erhitzen. Knoblauch, Ingwer, Peperoni und Sesam darin 2–3 Min. bei mittlerer Hitze anrösten.

4 Sojasauce und Gemüsebrühe, Zucker und 3–4 Prisen Koriander dazugeben. Die Sauce mit Salz und Pfeffer abschmecken, noch 2–3 Min. weiterköcheln lassen.

5 Die Steaks aus dem Ofen nehmen und nach Belieben schräg in dicke Scheiben schneiden. Mit der Sauce beträufelt servieren.

PASST GUT DAZU: Orient-Reis mit Frühlingszwiebeln und Knoblauch oder auch mit Pinienkernen und Rosinen (Seite 36–37).

ENTENBRUST MIT PREISELBEERSAUCE

Knusprig und zart aus Pfanne und Ofen – so gelingt's immer

FÜR 2 PERSONEN

- **1 Entenbrustfilet** (etwa 300 g)
- **Salz**
- **Pfeffer**
- **1 ½ EL Öl**
- **2 Schalotten**
- **3 EL TK-Suppengrün**
- **200 ml Gemüsebrühe**
- **4 EL Preiselbeergelee**
- **2 EL Balsamico Creme**
- **1 EL Orangenlikör** (ersatzweise Orangensaft)

PRO PERSON: 435 KAL.
ZUBEREITUNGSZEIT: 25 MIN.

1 Backofen auf 200° (Umluft 180°) vorheizen. Das Entenbrustfilet mit Küchenpapier trocken tupfen. Die Hautseite der Entenbrust mit einem sehr scharfen Messer vorsichtig rautenförmig einritzen, dabei nicht ins Fleisch schneiden. Die Entenbrust rundherum salzen und pfeffern.

2 In einer feuerfesten beschichteten Pfanne ½ EL Öl erhitzen. Die Entenbrust mit der Hautseite nach unten hineingeben und bei geringer Hitze 4–5 Min. braten, umdrehen. Die Pfanne in den Ofen (Mitte) schieben und das Entenbrustfilet 10–12 Min. braten.

3 Inzwischen die Schalotten schälen und fein würfeln. Restliches Öl in einer zweiten Pfanne erhitzen. Darin Schalotten und Suppengrün bei mittlerer Hitze 3–4 Min. andünsten. Gemüsebrühe, Preiselbeergelee, Balsamico Creme und Orangenlikör unterrühren. Die Sauce mit Salz und Pfeffer würzen und 5–6 Min. köcheln lassen.

4 Die Entenbrust aus dem Ofen nehmen und 2–3 Min. ruhen lassen. Von dem ausgebratenen Entenfett 1–2 EL zur Sauce geben und gut unterrühren. Entenbrust schräg in dünne Scheiben schneiden, mit der Preiselbeersauce anrichten.

PASST GUT DAZU: grüner Spargel mit Kräuterbutter (Seite 66) oder Kartoffelpüree mit Meerrettich (Seite 89).

LAMMKOTELETTS MIT HONIG

Das Geheimnis liegt in der fruchtig-süßen Sauce

FÜR 2 PERSONEN

----

4 **Lammkoteletts** (je etwa 100 g)
Salz
Pfeffer
1 **Knoblauchzehe**
1 EL **Öl**
1 EL **Honig**
3 EL **Sojasauce**
3 EL **Gemüsebrühe**
2 EL **Orangensaft**
1 TL **Zitronensaft**
1 TL **getrockneter Thymian**

PRO PERSON: 255 KAL.
ZUBEREITUNGSZEIT: 15 MIN.

1 Die Lammkoteletts abbrausen und eventuell vorhandene kleine Knochensplitter entfernen. Die Koteletts mit Küchenpapier trocken tupfen und auf beiden Seiten salzen und pfeffern. Den Knoblauch schälen und fein hacken.

2 Öl in einer beschichteten Pfanne erhitzen. Koteletts darin bei mittlerer Hitze auf beiden Seiten je 2–3 Min. braten. Die Koteletts aus der Pfanne nehmen, in Alufolie wickeln und beiseitelegen.

3 Knoblauch in das Bratfett in der Pfanne geben, 1 Min. andünsten. Honig, Sojasauce, Gemüsebrühe, Orangensaft, Zitronensaft und Thymian dazugeben, alles gründlich verrühren und bei geringer Hitze 1–2 Min. köcheln lassen.

4 Die Sauce mit Salz und Pfeffer abschmecken. Die Koteletts samt angesammeltem Bratensaft dazugeben, weitere 3–4 Min. köcheln lassen, dabei das Fleisch einmal wenden. Die Lammkoteletts mit der Honigsauce servieren.

PASST GUT DAZU: Orient-Reis mit Pinienkernen und Rosinen oder Cashewnüssen und Safran (Seite 36).

4 × SCHNELLES KARTOFFELPÜREE ...

MIT KNOBLAUCH

Für 2 Personen

3 große mehligkochende **Kartoffeln** (400 g) schälen, waschen, längs vierteln und quer in dünne Scheiben schneiden. Die Kartoffeln in kochendem **Salzwasser** 8–10 Min. garen, in ein Sieb abgießen, abtropfen lassen und zurück in den Topf geben. 4 EL **Gemüsebrühe** und 80 g **Sahne** in einem kleinen Topf erhitzen. 2 **Knoblauchzehen** schälen und durch die Presse dazudrücken. Kartoffeln mit einem Kartoffelstampfer fein zerdrücken, dabei nach und nach die Knoblauchsahne dazugießen. Das Püree mit **Salz**, **Pfeffer** und frisch geriebener **Muskatnuss** abschmecken.

MIT SELLERIE

Für 2 Personen

2 große mehligkochende **Kartoffeln** (250 g) schälen, waschen, längs vierteln, quer in dünne Scheiben schneiden. 180 g **Knollensellerie** schälen und erst längs in Spalten, dann quer in dünne Scheiben schneiden. Beides in kochendem **Salzwasser** 8–10 Min. garen, in ein Sieb abgießen, abtropfen lassen und zurück in den Topf geben. 80 g **Sahne** mit 2 EL **Butter** in einem kleinen Topf erhitzen. Kartoffel-Sellerie-Mix mit einem Kartoffelstampfer fein zerdrücken, dabei nach und nach die Buttersahne dazugießen. Das Püree mit **Salz**, **Pfeffer** und frisch geriebener **Muskatnuss** abschmecken.

... – echt homemade und immer mit einem extra aromatischen Kick! Die perfekte Beilage zu Fleisch, Fisch und Gemüse.

MIT MEERRETTICH

Für 2 Personen

3 große mehligkochende **Kartoffeln** (400 g) schälen, waschen, längs vierteln und quer in dünne Scheiben schneiden. Die Kartoffeln in kochendem **Salzwasser** 8–10 Min. garen, in ein Sieb abgießen, abtropfen lassen und zurück in den Topf geben. 100 g **Sahne** mit 2 EL **Butter** in einem kleinen Topf erhitzen, 2 TL **Meerrettich** (aus dem Glas) unterrühren. Die Kartoffeln mit einem Kartoffelstampfer fein zerdrücken, dabei nach und nach die Meerrettichsahne dazugießen. Das Püree mit **Salz** und **Pfeffer** abschmecken. Von 1 Kästchen **Gartenkresse** die Blättchen abschneiden und unter das Püree mischen.

MIT SENF

Für 2 Personen

3 große mehligkochende **Kartoffeln** (400 g) schälen, waschen, längs vierteln und quer in dünne Scheiben schneiden. Die Kartoffeln in kochendem **Salzwasser** 8–10 Min. garen, in ein Sieb abgießen, abtropfen lassen und zurück in den Topf geben. 3 EL **Olivenöl** mit 2 EL **Dijon-Senf** in einer Schüssel verrühren, 1 kleine getrocknete **Peperoni** dazubröseln. Die Kartoffeln mit einem Kartoffelstampfer fein zerdrücken, dabei das Senföl dazugeben. Das Püree mit **Salz** und **Cayennepfeffer** abschmecken.

PALERMO–SCHNITZEL

Zartes Fleisch hier mal mit Salat-Topping

FÜR 2 PERSONEN

----

2 dünne Kalbsschnitzel (je etwa 120 g,
am besten an der Fleischtheke mit der
Maschine schneiden lassen)
Salz
Pfeffer
2 Handvoll Rucola
4 Kirschtomaten
2 EL Olivenöl
2 EL Balsamico Creme
2 EL geriebener Parmesan (oder noch
besser: frisch gehobelte Parmesanspäne)

PRO PERSON: 260 KAL.
ZUBEREITUNGSZEIT: 20 MIN.

1 Die Kalbsschnitzel mit Küchenpapier trocken tupfen, auf beiden Seiten mit Salz und Pfeffer würzen. Rucola putzen, waschen und trocken schütteln. Die Kirschtomaten waschen und in dünne Scheiben schneiden.

2 In einer großen beschichteten Pfanne 1 EL Olivenöl erhitzen. Die Kalbsschnitzel darin bei mittlere Hitze auf jeder Seite in 3–4 Min. goldbraun braten. Aus der Pfanne nehmen und auf zwei vorgewärmten großen Tellern anrichten.

3 Die Kalbsschnitzel mit Rucola und Tomaten belegen, mit dem restlichen Olivenöl und der Balsamico Creme beträufeln. Mit dem Parmesan bestreuen, nach Belieben noch leicht salzen und pfeffern. Servieren.

PASST GUT DAZU: Blitz-Risotto mit Gemüse (Seite 35) oder Tomatennudeln mit Gemüse (Seite 48).

FRANZÖSISCHES FILETRAGOUT

Herrlich fein-würzig und unglaublich cremig

FÜR 2 PERSONEN

- 1 Knoblauchzehe
- 1 Stück Ingwer (etwa 1 cm)
- 100 g Schalotten
- 250 g Schweinefilet
- 1 EL Öl
- 120 ml Gemüsebrühe
- 1 TL getrockneter Thymian
- 1 Lorbeerblatt
- 1 Msp. gemahlene Nelken
- 2–3 Prisen frisch geriebene Muskatnuss
- 2 EL Crème double
- Salz
- Cayennepfeffer
- 1–2 TL Zitronensaft (nach Belieben)

PRO PERSON: 260 KAL.
ZUBEREITUNGSZEIT: 25 MIN.

1 Den Knoblauch und Ingwer schälen und fein hacken. Schalotten schälen und längs vierteln. Das Schweinefilet mit Küchenpapier trocken tupfen, Haut und Sehnen entfernen. Das Fleisch zuerst quer in dünne Scheiben, dann in feine Streifen schneiden.

2 Öl in einer beschichteten Pfanne erhitzen. Darin das Schweinefilet mit Knoblauch, Ingwer und Schalotten unter Rühren bei mittlerer Hitze 3–4 Min. anbraten.

3 Die Gemüsebrühe mit Thymian, Lorbeerblatt, gemahlenen Nelken und Muskat dazugeben. Alles 4–5 Min. weiterköcheln lassen, bis das Fleisch gar ist.

4 Crème double untermischen, das Ragout mit Salz, Cayennepfeffer und nach Belieben Zitronensaft abschmecken. Weitere 2–3 Min. köcheln lassen, dann sofort servieren.

PASST GUT DAZU: Kartoffelpüree mit Knoblauch oder mit Senf (Seite 88–89).

4 × SCHNELLE HAMBURGER ...

MIT LAUCH

Für 2 Personen

1 **Knoblauchzehe** schälen, fein hacken. 50 g **Lauch** putzen, waschen und in dünne Streifen schneiden. Beides mit 250 g gemischtem **Hackfleisch**, 1 **Eigelb** (M), 2 EL **Sahne**, 1 EL **Sojasauce**, je 2–3 Msp. **Salz** und **Pfeffer** und 1 TL getrocknetem **Oregano** vermengen. Mit angefeuchteten Händen 2 große Fleischburger formen. 2 EL **Öl** in einer beschichteten Pfanne erhitzen und die Burger darin auf jeder Seite bei mittlerer Hitze in 6–8 Min. knusprig braun braten.

PASST GUT DAZU: Feldsalatdip – 2 Handvoll geputzten Feldsalat, 2 EL Crème fraîche, 1 TL Meerrettich (aus dem Glas) und 1 TL Balsamico bianco pürieren, salzen und pfeffern. Brötchen mit Radicchioblättern, Eierscheiben, dem Dip und den Burgern belegen.

MIT KRÄUTERN

Für 2 Personen

250 g **Rinderhackfleisch** mit 1 **Ei** (M), je 2 EL **TK-Schnittlauchröllchen** und **TK-Petersilie**, 1 EL **Dijon-Senf**, 1 TL getrocknetem **Oregano**, 2–3 EL **Paniermehl**, ½ TL **Salz** und je 3–4 Prisen **Pfeffer,** frisch geriebener **Muskatnuss** und edelsüßem **Paprikapulver** vermengen. Mit angefeuchteten Händen 2 große Fleischburger formen. 2 EL **Öl** in einer beschichteten Pfanne erhitzen und die Burger darin auf jeder Seite bei mittlerer Hitze in 6–8 Min. knusprig braun braten.

PASST GUT DAZU: Sauerrahmdip – 3 EL saure Sahne, je 1 TL Dijon-Senf, Meerrettich (aus dem Glas) und Zitronensaft verrühren, salzen und pfeffern. Brötchen mit Radieschen- und Essiggurkenscheiben, dem Dip und den Burgern belegen.

... immer lecker. Für jedes Rezept 2 Burger-Brötchen (Fertigprodukt) aufschneiden und auf dem Toaster-Aufsatz leicht anrösten. Dann nur noch belegen, zusammenklappen, leicht andrücken und ... reinbeißen.

MIT CASHEWNÜSSEN

Für 2 Personen

1 **Knoblauchzehe** und 1 Stück **Ingwer** (1 cm) schälen, mit 60 g gerösteten **Cashewnüssen**, 2 EL süßscharfer **Chilisauce** und 2 EL **Kokosmilch** im elektrischen Blitzhacker mittelfein zerkleinern. Mit 250 g **Rinderhackfleisch**, 1 **Eigelb** (M), ½ TL **Salz** und 3–4 Prisen **Cayennepfeffer** vermengen. Mit angefeuchteten Händen 2 große Fleischburger formen. 2 EL **Öl** in einer beschichteten Pfanne erhitzen. Die Burger darin auf jeder Seite bei mittlerer Hitze in 6–8 Min. knusprig braun braten.

PASST GUT DAZU: Chilidip – 2 EL süßscharfe Chilisauce, 1 EL Sojasauce und 1 TL Limettensaft verrühren. Brötchen mit Salatblättern, Möhrenraspeln, dem Dip und den Burgern belegen.

MIT TABASCO

Für 2 Personen

2 **Knoblauchzehen** schälen, fein hacken. Mit 250 g **Schweinehackfleisch**, 1 TL getrocknetem **Oregano**, 3 EL **TK-8-Kräuter-Mischung**, 1 EL **Balsamico Creme**, 1 **Ei** (M), 3–4 EL gemahlenen **Mandeln**, ½ TL **Salz** sowie etwas **Tabasco** und **Cayennepfeffer** vermengen. Mit angefeuchteten Händen 2 große Fleischburger formen. 2 EL **Öl** in einer beschichteten Pfanne erhitzen. Die Burger darin auf jeder Seite bei mittlerer Hitze in 6–8 Min. knusprig braun braten.

PASST GUT DAZU: Ajvardip – 2 EL Ajvar, 2 EL Ketchup und 1 TL Limettensaft verrühren, mit Salz würzen. Brötchen mit ein paar Avocadospalten und Frühlingszwiebelringen, dem Dip und den Burgern belegen.

FISCH

Kulinarische Expedition in Unterwasserwelten

DIE SCHNELLEN 4 FÜR ALLE FISCHFANS

TK-BIO-SHRIMPS

Sind zwar ein bisschen teurer als herkömmliche Shrimps, dafür aber nicht nur ökologisch korrekt und ohne Rückstände, sondern auch besser im Geschmack | zum Kochen gleich tiefgekühlt verwenden – einfach aus der Verpackung nehmen und in einem Sieb kurz abbrausen | für Snacks und Salate in einem Sieb über einer Schüssel langsam im Kühlschrank oder fixer bei Zimmertemperatur auftauen lassen | echte Multitalente – eignen sich für **Shrimpscocktail** (Seite 16) genauso wie für **Shrimpssuppe** (Seite 108–109), als **Fischsnack** (Seite 107) oder für **Blitz-Paella** (Seite 32) | kann man aber auch in **Asia-Nudelsuppen** (Seite 52–53) oder bei **grünem Spargel mit Basilikum** (Seite 67) mitgaren.

FISCHFOND

Flüssiger Bequemmacher aus dem Glas für das feine Fischaroma | bekommt man zu erschwinglichen Preisen in gut sortierten Supermärkten | kann man immer im Vorrat haben – hält verschlossen im Glas einige **Monate** | falls man mal nicht den ganzen Glasinhalt braucht, **restlichen Fischfond** einfach in Eiswürfelbehälter füllen und einfrieren – lässt sich dann so am leichtesten etwa für Saucen portionieren | Basis für die allerbesten faulen **Shrimpssuppen** des Hauses (Seite 108–109) | auch schön für raffinierte **Saucen** zum Fisch wie eine Limettensahne (Seite 102).

RÄUCHERLACHS UND GRAVED LACHS

Gibt's in Scheiben abgepackt im Kühlregal | kann man so ohne Probleme einige Tage im Kühlschrank aufbewahren | wenn möglich am besten Wild- oder Bio-Lachs kaufen | vielseitig verwendbar – lecker als **Brotauflage** (Seite 21) oder im **Nudelsalat** (Seite 51) | kann man aber auch einfach als **„Beilage"** zu Rohkost mit Limettendressing (Seite 72) und grünem Spargel mit Zitrone (Seite 66) anrichten oder statt des gebratenen Fischfilets zum Tomaten-Mix (Seite 104) oder zu der Rote-Bete-Salsa (Seite 112) servieren | auch lecker als **schneller Imbiss** mit einem feinen Senfdip: 2 EL Dijon-Senf mit 1 EL Honig, 2 EL TK-Dill und 1 Spritzer Zitronensaft verrühren.

FISCHFILET

Gibt's frisch an der Supermarkt-Fischtheke oder beim Fischhändler | extra-schnell: frische Filets nur trocken tupfen und eventuell nach versteckten Gräten schauen | TK-Filets nach Packungsanweisung auftauen lassen (dauert ein bisschen) und trocken tupfen | von Steinbeißer bis Wildlachs, von Pangasius bis Thunfisch – bei unseren „bequemen" Rezepten kann man sich die Fischsorte ganz nach Lust und Laune aussuchen | einfach nur in der Pfanne gebraten perfekt als **Naturfischfilet** zur exotischen Kokossauce (Seite 100) und würzigen Rote-Bete-Salsa (Seite 112), zu erfrischendem Tomaten-Mix (Seite 104) oder Dips (Seite 94–95) | die gelingen immer: **Fischpäckchen** im Ofen gegart (Seite 110–111).

INDISCHER KOKOSFISCH

Eine kulinarische Fernreise – dazu kann einfach keiner Nein sagen

FÜR 2 PERSONEN

- **2 weißfleischige Seefischfilets**
  (je 120–150 g, z. B. Seebarsch oder Steinbeißer)
- **Salz**
- **Pfeffer**
- **200 ml Kokosmilch**
- **1 Knoblauchzehe**
- **1 kleine getrocknete Peperoni**
- **je 3–4 Prisen Kurkumapulver, gemahlener Kreuzkümmel und Koriander**
- **1 TL gekörnte Gemüsebrühe**
- **1 EL Öl**
- **1–2 TL Limettensaft**

PRO PERSON: 185 KAL.
ZUBEREITUNGSZEIT: 20 MIN.

1 Die Fischfilets mit Küchenpapier trocken tupfen, eventuell vorhandene Gräten entfernen. Fisch auf beiden Seiten salzen und pfeffern.

2 Die Kokosmilch in einem kleinen Topf erhitzen. Den Knoblauch schälen und fein hacken. Die Peperoni mit den Fingern fein zerbröseln.

3 Knoblauch und Peperoni mit Kurkuma, Kreuzkümmel, Koriander und der gekörnten Gemüsebrühe zur Kokosmilch geben. Die Sauce bei geringer Hitze 6–8 Min. köcheln lassen.

4 Inzwischen Öl in einer beschichteten Pfanne erhitzen. Darin die Fischfilets bei mittlerer Hitze auf jeder Seite in 3–4 Min. goldbraun braten.

5 Die Sauce mit Salz, Pfeffer und Limettensaft abschmecken. Den gebratenen Fisch mit der Kokossauce servieren.

PASST GUT DAZU: Rohkost mit Chili-dressing (Seite 73) oder Orient-Reis mit Kurkuma und Erbsen (Seite 37).

FISCHFILET MIT LIMETTENSAHNE

Ingwer und Frühlingszwiebeln bringen Frische auf den Teller

FÜR 2 PERSONEN

- **2 Fischfilets** (je 120–150 g, z. B. Zander oder Heilbutt)
- **Salz**
- **Pfeffer**
- **4 Frühlingszwiebeln**
- **1 Stück Ingwer** (etwa 1 cm)
- **2 EL Butter**
- **100 ml Fischfond** (aus dem Glas)
- **2 EL Sahne**
- **2 EL Crème fraîche**
- **1 TL abgeriebene Bio-Limettenschale**
- **1–2 TL Limettensaft**
- **1 TL gekörnte Gemüsebrühe**
- **1 TL Öl**
- **2 EL TK-Petersilie**

PRO PERSON: 330 KAL.
ZUBEREITUNGSZEIT: 25 MIN.

1 Die Fischfilets mit Küchenpapier trocken tupfen, eventuell vorhandene Gräten entfernen. Fisch auf beiden Seiten salzen und pfeffern.

2 Die Frühlingszwiebeln waschen, putzen und in dünne Ringe schneiden. Ingwer schälen und fein hacken. 1 EL Butter in einem kleinen Topf erhitzen, Frühlingszwiebeln und Ingwer darin bei mittlerer Hitze andünsten.

3 Fischfond, Sahne, Crème fraîche, Limettenschale, Limettensaft und die gekörnte Brühe dazugeben, alles gut verrühren und 5–6 Min. köcheln lassen.

4 Inzwischen die restliche Butter mit dem Öl in einer beschichteten Pfanne erhitzen. Darin die Fischfilets bei mittlerer Hitze auf jeder Seite in 3–4 Min. goldbraun braten.

5 Die Limettensahne mit Salz und Pfeffer abschmecken. Den Fisch mit der Limettensahne auf Tellern anrichten, mit der Petersilie bestreuen und servieren.

PASST GUT DAZU: Kartoffelpüree mit Sellerie (Seite 88).

THYMIANFISCH MIT TOMATEN-MIX

Macht Lust auf mehr – unbedingt probieren!

FÜR 2 PERSONEN

2 weißfleischige Seefischfilets
(je 120–150 g, z. B. Seebarsch oder
Steinbeißer)
Salz
Pfeffer
2 TL getrockneter Thymian
250 g Kirschtomaten
2 Frühlingszwiebeln
1 Knoblauchzehe
½ Handvoll Basilikumblättchen
2 TL kleine Kapern
2 EL Aceto balsamico
3 EL Olivenöl

PRO PERSON: 295 KAL.
ZUBEREITUNGSZEIT: 20 MIN.

1 Die Fischfilets mit Küchenpapier trocken tupfen, eventuell vorhandene Gräten entfernen. Fisch auf beiden Seiten salzen, pfeffern und mit dem Thymian bestreuen.

2 Die Kirschtomaten waschen und in dünne Scheiben schneiden. Frühlingszwiebeln waschen, putzen und in dünne Ringe schneiden. Knoblauchzehe schälen und fein hacken. Basiliumblättchen ebenfalls fein hacken.

3 Tomaten, Frühlingszwiebeln, Knoblauch und Basilikum mit Kapern, Aceto balsamico und 2 EL Olivenöl in einer Schüssel vermischen. Den Mix mit Salz und Pfeffer abschmecken.

4 Das übrige Olivenöl in einer beschichteten Pfanne erhitzen. Fischfilets darin bei mittlerer Hitze auf jeder Seite in 3–4 Min. goldbraun braten. Mit dem Tomaten-Mix servieren.

PASST GUT DAZU: Risotto mit Radicchio (Seite 35) oder Kartoffelpüree mit Knoblauch (Seite 88).

4 × SCHNELLER FISCHSNACK ...

MIT MATJES

Für 2 Personen

4 **Matjesfilets** (200 g) abbrausen und trocken
tupfen, schräg halbieren und auf zwei Tellern
verteilen. 1 kleine **Zwiebel** schälen, halbieren,
in dünne Streifen schneiden. ½ **Apfel** waschen,
vierteln und entkernen, die Apfelviertel quer in
dünne Scheiben schneiden. 2 **Essiggurken**
ebenfalls quer in dünne Scheiben schneiden.
Je 2 EL **Schmand** und **saure Sahne** mit 1–2 TL
Balsamico bianco verrühren, mit **Salz, Pfeffer**
und 1–2 Prisen **Zucker** abschmecken. Schmand,
Zwiebel, Apfel, Gurken und Matjes anrichten.

MIT RÄUCHERFORELLE

Für 2 Personen

2 geräucherte **Forellenfilets** (125 g) trocken
tupfen und in ganz kleine Würfel schneiden.
2 **Essiggurken** längs halbieren und dann quer
in dünne Scheiben schneiden. Den Fisch und
die Gurken mit 1 EL kleinen **Kapern,** je 2 EL
TK-Schnittlauchröllchen, TK-Petersilie und
Olivenöl und 1–2 TL **Limettensaft** vermengen.
Mit **Salz** und **Pfeffer** abschmecken.

... für den kleinen Hunger zwischendurch. Auch schön als Büro-Snack, zum Picknick und fürs Partybüfett. Am besten mit Baguette, Sandwichtoast, Ciabatta, Vollkornbrot oder Pumpernickel-Talern servieren.

MIT SHRIMPS

Für 2 Personen

1 Dose kleine braune **Bohnen** (z. B. Borlotti, Abtropfgewicht 240 g) in ein Sieb abgießen, abbrausen und abtropfen lassen. 8 **Kirschtomaten** waschen und vierteln. 1 **Knoblauchzehe** schälen, fein hacken. 1 Stange **Staudensellerie** waschen, putzen und in ganz dünne Scheiben schneiden. Alles mit 100 g aufgetauten geschälten **TK-Bio-Shrimps** in eine Schüssel geben. Mit 2–3 EL **Olivenöl,** 1 EL **Aceto balsamico** und nach Belieben 1 TL **Zitronensaft** vermischen. Mit **Salz** und **Pfeffer** kräftig abschmecken.

MIT RÄUCHERLACHS

Für 2 Personen

2 **Sardellenfilets** (in Öl, aus dem Glas) kurz abtropfen lassen und ganz fein hacken. 1 **Knoblauchzehe** schälen und fein hacken. Beides mit je 2 EL **TK-Petersilie, Mayonnaise** und **saurer Sahne** vermischen. Den Dip mit 1 TL **Balsamico bianco, Salz, Pfeffer** und 1 Prise **Zucker** abschmecken. 2 Handvoll **Rucola** putzen, waschen, trocken schleudern und auf einer Servierplatte verteilen. 80 g **Räucherlachs** (in Scheiben) auf dem Rucola anrichten. Zuammen mit dem Sardellendip servieren.

4 x SCHNELLE SHRIMPSSUPPE ...

MIT TOMATE

Für 2 Personen

1 **Zwiebel** schälen, halbieren, in dünne Spalten schneiden. 1 **Knoblauchzehe** schälen und fein hacken. 1 EL **Olivenöl** in einem Topf erhitzen, darin Zwiebel und Knoblauch bei mittlerer Hitze andünsten. 800 ml **Fischfond** (aus dem Glas) dazugießen, 4–5 Min. köcheln lassen. 1 **Fleischtomate** mit dem Sparschäler schälen, vierteln, Stielansatz und Kerne entfernen. Tomate klein schneiden, mit 200 g gefrorenen geschälten **TK-Bio-Shrimps** und je 2 EL **Ajvar, Limettensaft** und **TK-Petersilie** zum Fond geben. Mit **Salz** und **Pfeffer** würzen, 5–6 Min. mitgaren.

PASST GUT DAZU: 1 fein gehackte Knoblauchzehe mit 2 EL Olivenöl, 2–3 EL gemahlenen Mandeln, 2–3 Prisen Salz und Cayennepfeffer vermischen. Mandelcreme auf 6 geröstete Baguettescheiben streichen und in Tellern mit der Fischsuppe übergießen.

MIT FENCHEL

Für 2 Personen

1 Knolle **Fenchel** waschen, putzen, in dünne Scheiben schneiden. 1 **Zwiebel** schälen, halbieren, in dünne Spalten schneiden. 1 **Knoblauchzehe** schälen und fein hacken. 2 EL **Olivenöl** in einem Topf erhitzen. Darin alles bei mittlerer Hitze 3–4 Min. andünsten. 1 **Fleischtomate** mit dem Sparschäler schälen, vierteln, Stielansatz und Kerne entfernen. Tomate klein schneiden, mit 800 ml **Fischfond** (aus dem Glas), 2 EL **Anislikör** (ersatzweise Orangensaft) und 1 Döschen gemahlenem **Safran** (0,1 g) zum Fond geben. Mit **Salz** und **Cayennepfeffer** würzen, 4–5 Min. köcheln lassen. 200 g gefrorene geschälte **TK-Bio-Shrimps** dazugeben, 5–6 Min. mitgaren.

PASST GUT DAZU: 2 EL Mayonnaise mit je 1 TL Harissa und Limettensaft verrühren, salzen, pfeffern. Auf 6 geröstete Baguettescheiben streichen und in Tellern mit der Fischsuppe übergießen.

... für ein aromatisches Mittelmeerfeeling. Damit's extra faul ist, kommen fertiger Fischfond und Bio-Shrimps aus dem Tiefkühlfach mit in den Topf!

MIT ZUCCHINI

Für 2 Personen

1 **Knoblauchzehe** schälen und fein hacken.
2 **Zucchini** waschen, putzen, längs halbieren, quer in dünne Scheiben schneiden. 1 EL **Olivenöl** in einem Topf erhitzen. Darin Knoblauch und Zucchini bei mittlerer Hitze 3–4 Min. andünsten. 400 ml **Fischfond** (aus dem Glas) und 200 ml **Gemüsebrühe** angießen. 1 TL abgeriebene **Bio-Limettenschale,** 1 EL **Limettensaft** und 1 TL getrockneten **Oregano** dazugeben, mit **Salz** und **Cayennepfeffer** würzen, 6–8 Min. köcheln lassen. Suppe mit dem Pürierstab fein pürieren. 200 g gefrorene geschälte **TK-Bio-Shrimps** zur Suppe geben, 5–6 Min. mitgaren.

PASST GUT DAZU: 2 geröstete Toastscheiben mit 1 geschälten Knoblauchzehe einreiben. Toast zur Suppe servieren.

MIT KOHLRABI

Für 2 Personen

1 **Kohlrabi** schälen, vierteln und quer in dünne Scheiben schneiden. 1 kleine Stange **Lauch** und 3 **Frühlingszwiebeln** waschen, putzen und in dünne Ringe schneiden. 1 **Knoblauchzehe** schälen und fein hacken. 1 TL **Öl** mit 1 EL **Butter** in einem Topf erhitzen. Knoblauch und Gemüse darin bei mitterer Hitze 3–4 Min. andünsten. 400 ml **Fischfond** (aus dem Glas) und 200 ml **Gemüsebrühe** dazugeben, alles zugedeckt 4–5 Min. köcheln lassen. 200 g gefrorene geschälte **TK-Bio-Shrimps** zur Suppe geben und 5–6 Min. mitgaren. Suppe mit **Salz, Pfeffer** und 1–2 TL **Zitronensaft** abschmecken.

4 x SCHNELLE FISCHPÄCKCHEN ...

MIT GEMÜSE

Für 2 Personen

Den Backofen auf 200° (Umluft 180°) vorheizen.
2 **Möhren** schälen, 2 Stangen **Staudensellerie**
waschen und putzen, beides in dünne Scheiben
hobeln. 10 **Basilikumblättchen** fein hacken.
1 **Fleischtomate** vierteln, Stielansatz und Kerne
entfernen, das Fruchtfleisch grob würfeln. Alles
mit 1–2 TL **Zitronensaft** und 2 EL **Olivenöl** vermischen, mit **Salz** und **Pfeffer** würzen. 2 **Seefischfilets** mit **Salz** und **Pfeffer** würzen, jeweils
auf ein Stück Backpapier legen und den Ge-
müse-Mix gleichmäßig darauf verteilen. Papier
über dem Fisch locker zusammenfalten, an den
Seiten wie ein Päckchen verschließen. Auf ein
Backblech setzen, den Fisch im Ofen (Mitte)
12–15 Min. garen.

MIT OLIVEN

Für 2 Personen

Den Backofen auf 200° (Umluft 180°) vorheizen.
2 **Frühlingszwiebeln** waschen, putzen, in dünne
Ringe schneiden. 10 grüne **Oliven** (mit Paprika
gefüllt) in dünne Ringe schneiden. 1 **Fleischtomate** vierteln, Stielansatz und Kerne entfernen,
Fruchtfleisch klein würfeln. Alles mit 1 EL kleinen
Kapern, 2 EL **Olivenöl** und 1–2 TL **Limettensaft** vermischen. Mit je 3–4 Prisen gemahlenem
Kreuzkümmel und **Koriander** sowie **Salz** und
Pfeffer würzen. 2 **Seefischfilets** mit **Salz** und
Pfeffer würzen, auf je ein Stück Backpapier
legen und den Oliven-Kapern-Mix gleichmäßig
darauf verteilen. Papier über dem Fisch locker
zusammenfalten, an den Seiten wie ein Päckchen verschließen. Auf ein Backblech setzen,
den Fisch im Ofen (Mitte) 12–15 Min. garen.

... aus dem Ofen. Pro Päckchen einfach je ein 150-g-Stück Seefischfilet (z. B. Steinbeißer, Lachs, Thunfisch, Seebarsch) verfeinern und locker in Backpapier hüllen. Erst am Tisch öffnen! Hmmm...

MIT SARDELLEN

Für 2 Personen

Den Backofen auf 200° (Umluft 180°) vorheizen. 2 **Knoblauchzehen** schälen und mit 3–4 **Sardellenfilets** (in Öl, aus dem Glas) fein hacken. Mit 3 EL **Olivenöl**, 2–3 EL **Paniermehl**, 1 EL **Zitronensaft** und 1 TL getrocknetem **Oregano** vermischen und mit **Salz** und **Pfeffer** würzen. 2 **Seefischfilets** mit **Salz** und **Pfeffer** würzen, jeweils auf ein Stück Backpapier legen und den Sardellen-Mix gleichmäßig darauf verteilen. Papier über dem Fisch locker zusammenfalten, an den Seiten wie ein Päckchen verschließen. Auf ein Backblech setzen, den Fisch im Ofen (Mitte) 12–15 Min. garen.

MIT KRÄUTERBUTTER

Für 2 Personen

Den Backofen auf 200° (Umluft 180°) vorheizen. 2 EL weiche **Butter** mit je 2 EL **TK-Dill** und **TK-Petersilie** und 4–5 Spritzern **Tabasco** verrühren, mit **Salz** würzen. 1 **Limette** so schälen, dass die weiße Haut mit entfernt wird. Limette quer in dünne Scheiben schneiden. 2 **Seefischfilets** mit **Salz** und **Pfeffer** würzen, jeweils auf ein Stück Backpapier legen, die Kräuterbutter und Limettenscheiben gleichmäßig darauf verteilen. Papier über dem Fisch locker zusammenfalten, an den Seiten wie ein Päckchen verschließen. Auf ein Backblech setzen, den Fisch im Ofen (Mitte) 12–15 Min. garen.

LACHSFILET MIT ROTE-BETE-SALSA

Schön „russisch" mit Kapern und Dill

FÜR 2 PERSONEN

- -

2 Wildlachsfilets (je 120–150 g,
ersatzweise ein anderes Fischfilet)

Salz

Pfeffer

**100 g geröstete, gehäutete Paprika-
schoten** (aus dem Glas)

100 g vorgegarte Rote Bete (vakuum-
verpackt)

2 Frühlingszwiebeln

2 TL kleine Kapern

1 TL abgeriebene Bio-Zitronenschale

1 EL Zitronensaft

2 EL TK-Dill

3 EL Öl

- -

PRO PERSON: 475 KAL.
ZUBEREITUNGSZEIT: 20 MIN.

1 Die Fischfilets mit Küchenpapier trocken
tupfen, eventuell vorhandene Gräten entfernen.
Fisch auf beiden Seiten salzen und pfeffern.

2 Die gerösteten Paprikaschoten und die Rote
Bete auf Küchenpapier kurz abtropfen lassen,
dann fein würfeln. Frühlingszwiebeln waschen,
putzen und in dünne Ringe schneiden. Alles mit
Kapern, Zitronenschale, Zitronensaft, dem Dill
und 2 EL Öl in einer Schüssel vermischen. Die
Salsa mit Salz und Pfeffer würzen.

3 In einer beschichteten Pfanne das übrige Öl
erhitzen. Die Fischfilets darin bei mittlerer Hitze
auf jeder Seite in 3–4 Min. goldbraun braten.
Mit der Rote-Bete-Salsa servieren.

PASST GUT DAZU: Kartoffelpüree mit
Meerrettich (Seite 89).

FISCHWÜRFEL MIT GRÜNEM SPARGEL

Feine Japan-Cuisine – im Handumdrehen auf dem Tisch

FÜR 2 PERSONEN

----

1 Stück Ingwer (etwa 1 cm)
4 EL Sherry (ersatzweise Orangensaft)
4 EL Sojasauce
1 EL Limettensaft
1 TL Zucker
250 g gemischtes Fischfilet
(z. B. Thunfisch und Lachs)
Salz
Pfeffer
150 g grüner Spargel
2 EL Öl

PRO PERSON: 410 KAL.
ZUBEREITUNGSZEIT: 25 MIN.

1 Den Ingwer schälen und in dünne Scheiben schneiden. Mit Sherry, Sojasauce, Limettensaft und Zucker in einer kleinen Schüssel mischen.

2 Fischfilet mit Küchenpapier trocken tupfen, eventuell vorhandene Gräten entfernen. Das Fischfilet in etwa 2 cm große Würfel schneiden, salzen und pfeffern.

3 Den Spargel waschen und die unteren Enden abschneiden. Spargelstangen schräg in dünne Scheiben schneiden. 1 EL Öl in einer beschichteten Pfanne erhitzen. Spargel darin 4–5 Min. bei mittlerer Hitze unter Rühren braten. Aus der Pfanne auf einen Teller geben, beiseitestellen.

4 Restliches Öl in der Pfanne erhitzen. Die Fischwürfel darin 3–4 Min. braten, dabei mindestens einmal wenden. Den Spargel und den Soja-Sherry-Mix untermischen und alles noch 3–4 Min. bei geringer Hitze garen. Ganz nach Belieben in Asia-Schälchen oder tiefen Pastatellern servieren.

PASST GUT DAZU: Orient-Reis mit Frühlingszwiebeln und Knoblauch (Seite 37).

DESSERTS

Süßes für ungeduldige Naschkatzen

DIE SCHNELLEN 4 FÜR SÜSSES

ZARTBITTERSCHOKOLADE

Sollte mindestens 60 % Kakao enthalten |
je „feiner" die Schokolade, desto besser
das Dessert | ist lange haltbar – kann man
also für spontane Desserts immer im Vorrat
haben | enthält weniger Zucker als Schoko-
lade mit geringerem Kakaoanteil und hat
deshalb natürlich auch weniger Kalorien |
kann man schmelzen und zu **Schokotörtchen**
(Seite 124–125) oder **Schokosauce** (Seite 129)
verarbeiten | gibt's ganz bequem auch schon als
fertige Schokoraspel für eine **Blitz-Deko** über
Cremes, Eis und mehr.

VANILLEEIS

Am besten Eis mit echter Bourbon-Vanille
kaufen (kann man an den kleinen schwarzen
Pünktchen im Eis erkennen), das hat schön
viel Aroma | hält sich im Tiefkühler einige
Wochen | idealer Begleiter für feine **Frucht-
kreationen** – vom Erdbeersüppchen bis zu
Bratäpfeln (Seite 126–127) | auch schön als
Basis für **Schoko-Eistörtchen mit Orange**
(Seite 124) oder **Blitz-Smoothies** mit Frucht-
purees oder Joghurt aller Art | unbedingt pro-
bieren: anstatt Mascarpone oder Ricotta als
Trifle-Creme verwenden (Seite 122–123).

NÜSSE, KERNE, SAMEN

Ob Mandeln, Cashewnüsse oder Erdnüsse, Pistazien, Pinienkerne oder Sesamsamen – damit lassen sich ruck, zuck raffinierte Süßspeisen zaubern | sind nicht nur lecker, sondern auch gesund – mit vielen essenziellen Fettsäuren und Vitaminen | **kann man gut mehrere Wochen lang im Vorrat lagern** | schön als karamellisierte **Knuspernüsse** (Seite 128), in **Bratäpfeln** (Seite 127) oder zum **Trifle** (Seite 122–123) | schmecken als raffinierte **Toppings** auch zu Couscous mit Süßkartoffeln (Seite 75) und Rohkost (Seite 73).

SAHNE

Hält sich frisch gekauft und gut gekühlt mindestens 1 Woche | gibt's mittlerweile auch in der Variante „länger haltbar" und ist so ideal für alle nicht geplanten süßen Sachen | braucht man flüssig für feine **Schokosauce** (Seite 129) sowie raffinierte **Schokotörtchen mit Kokosraspeln** (Seite 124) und geschlagen für den **Baiserbecher** (Seite 120) oder fürs **Trifle** (Seite 123) | auch sehr schön als **Blitz-Schlagsahne** mit Bourbon-Vanillezucker und Eierlikör als Kick zu frischen Früchten.

SAHNE–BAISER–BECHER

Natursüß mit würzigem Ahornsirup

FÜR 2 PERSONEN

----

200 g Sahne

2 EL Ahornsirup

60 g Mandelbaiser oder einfaches weißes Baisergebäck (Fertigprodukt, im gut sortierten Supermarkt bei den Keksen im Backregal zu finden)

100 g TK-Erdbeeren (aufgetaut, ersatzweise 150 g frische gewaschene und geputzte Erdbeeren)

PRO PERSON: 460 KAL.
ZUBEREITUNGSZEIT: 15 MIN.

1 Die Sahne mit 1 EL Ahornsirup in einen hohen Rührbecher geben und mit den Schneebesen des Handrührgeräts steif schlagen.

2 Baiser in einen Gefrierbeutel geben und mit einer Teigrolle oder den Handballen grob zerkleinern. Zwei Drittel der Baiserkrümel zur Sahne geben und unterheben.

3 Die aufgetauten Erdbeeren in einen hohen Rührbecher geben und mit einem Pürierstab fein pürieren. Das Erdbeerpüree mit dem restlichen Ahornsirup verrühren.

4 Erdbeerpüree in zwei Dessertgläser füllen und die Baisersahne darauf verteilen. Mit den restlichen Baiserkrümeln bestreut servieren.

TIPP: Anstatt des Mandelbaisers einmal Knuspernüsse (Seite 128) und Schokosauce (Seite 129) unter die Sahne mischen.

VARIANTE: Baisersahne wie beschrieben zubereiten. In einem kleinen Topf 100 g gefrorene TK-Himbeeren mit 1 EL Ahornsirup oder Honig erhitzen, in Dessertgläser füllen. Die Baisersahne daraufgeben und die restlichen Baiserkrümel aufstreuen.

4 x SCHNELLE TRIFLE ...

MIT AMARENAKIRSCHEN UND RICOTTA

Für 2 Personen

50 g **Löffelbiskuits** in einem Gefrierbeutel mit den Handballen grob zerkleinern. Keksbrösel in zwei Dessertschälchen oder -gläser füllen, mit je 2 EL **Orangensaft** und je 1 EL **Amarena-kirschen** und **-sirup** (aus dem Glas) beträufeln. 125 g **Ricotta** mit 1 EL **Orangensaft**, 1 Pck. **Bourbon-Vanillezucker** und 2 EL **Zartbitter-Schokoladenraspeln** vermischen. Die Ricotta-creme auf den Keksen und Kirschen verteilen. Die beiden Trifle mit je 1 EL **Zartbitter-Schoko-ladenraspeln** bestreuen.

MIT HEIDELBEEREN UND PISTAZIEN

Für 2 Personen

50 g **Löffelbiskuits** in einem Gefrierbeutel mit den Handballen grob zerkleinern. Keksbrösel in zwei Dessertschälchen oder -gläser füllen, mit je 2–3 EL **Orangensaft** beträufeln, je 2 EL aufgetaute **TK-Heidelbeeren** darauf verteilen. 125 g **Ricotta** mit 1–2 EL **Schmand** glatt rühren. 1 Pck. **Bourbon-Vanillezucker**, 1 TL abgeriebene **Bio-Orangenschale**, 2 EL **Haselnusskrokant** und 2 EL **Zartbitter-Schokoladenraspel** dazu-geben, alles gut vermischen. Die Ricottacreme gleichmäßig auf den Heidelbeeren verteilen, glatt streichen. Die beiden Trifle mit je 1 EL ge-hackten **Pistazien** bestreuen.

... für den süßen Spaß zu zweit. Und steht das Trifle ein paar Stunden im Kühlschrank, ist es auch kein Problem, dann schmeckt's sogar noch besser – perfekt also als kulinarisches Party-Mitbringsel.

MIT AMARETTINI UND MANGO

Für 2 Personen

50 g **Amarettini** (italienische Mandelkekse) in einem Gefrierbeutel mit den Handballen grob zerkleinern. Keksbrösel in zwei Dessertschälchen oder -gläser füllen. 3 **Espresso-Pralinen** (z.B. Pocket-Coffee) mit 6 EL **Orangensaft** (oder mit 4 EL Orangensaft und 2 EL Orangenlikör) im elektrischen Blitzhacker grob zerkleinern, über den Keksen verteilen. 100 g **Mangospalten** (aus der Dose) grob hacken und ebenfalls auf den Keksen verteilen. 200 g **Sahne** mit 1 Pck. **Bourbon-Vanillezucke**r steif schlagen, Sahne auf die Mangostücke geben. Die beiden Trifle mit je 1 TL **Kakaopulver** bestäuben.

MIT APFELMUS UND ZIMTSAHNE

Für 2 Personen

50 g **Amarettini** (italienische Mandelkekse) in einem Gefrierbeutel mit den Handballen grob zerkleinern. Keksbrösel in zwei Dessertschälchen oder -gläser füllen, mit je 2 EL **Orangensaft** beträufeln. Je 3 EL **Apfelmus** darauf verteilen und glatt streichen. 200 g **Sahne** mit 1–2 EL **Zucker** und 2–3 Prisen **Zimtpulver** steif schlagen. Die Zimtsahne auf dem Apfelmus verteilen, nach Belieben glatt streichen. Die beiden Trifle mit je 1 EL **Haselnusskrokant** bestreuen.

4 × SCHNELLE SCHOKOTÖRTCHEN ...

MIT ORANGE

Für 2 Personen

50 g **Zartbitterschokolade** in kleine Stücke brechen und mit 100 g **Sahne** in einem kleinen Topf erwärmen, bis sie geschmolzen ist. 1 TL abgeriebene **Bio-Orangenschale** und 1 TL **Orangenlikör** (nach Belieben) unterrühren. 3 EL **Bourbon-Vanilleeis** zu der Schokosahne geben, alles mit dem Pürierstab aufmixen. Die Schokocreme in zwei Förmchen (am besten aus Plastik oder Metall) füllen und für 20–30 Min. in das Tiefkühlfach stellen. Den Rand der eisigen Schokotörtchen rundherum mit einem Messer lösen, Törtchen auf Teller stürzen. Oder die Törtchen in den Förmchen zum Rauslöffeln servieren.

MIT KOKOSRASPELN

Für 6 Stück

Backofen auf 180° (Umluft 160°) vorheizen. In die Mulden eines 6er-Muffinblechs je 1 Papierförmchen setzen. 2 **Eier** (M) mit 80 g **Zucker** und 80 g **Sahne** hellschaumig rühren. 100 g **Kokosraspel** mit 1 TL **Speisestärke** und 100 g **Zartbitter-Schokoraspeln** untermischen. Den Kokos-Schoko-Teig in den Förmchen verteilen. Das Blech in den Ofen (Mitte) schieben und die Törtchen 10–12 Min. backen. Herausnehmen, abkühlen lassen, aus der Form lösen. Törtchen mit **Puderzucker** bestäuben.

TIPP: Wer kein Muffinblech hat, setzt auf einem Backblech zwei oder drei Papierförmchen ineinander und bäckt den Teig darin.

... mal eisgekühlt, mal frisch gebacken – immer aber zum Reinsetzen gut und auf alle Fälle partytauglich!

MIT NICHTS ALS SCHOKO

Für 6 Stück

Backofen auf 180° (Umluft 160°) vorheizen. In die Mulden eines 6er-Muffinblechs je 1 Papierförmchen setzen. 100 g **Zartbitterschokolade** in kleine Stücke brechen, 100 g **Butter** grob würfeln, beides in einem Topf bei geringer Hitze schmelzen, dann kurz abkühlen lassen. 2 **Eier** (M) trennen. Eiweiße steif schlagen, dabei nach und nach 50 g **Zucker** einrieseln lassen. Eigelbe mit 50 g **Zucker** cremig rühren, dann die Schokomasse unterrühren, zum Schluss den Eischnee unterheben. Teig in den Förmchen verteilen. Das Blech in den Ofen (Mitte) schieben und die Törtchen 10–12 Min. backen. Herausnehmen, abkühlen lassen, aus der Form lösen. Törtchen mit **Puderzucker** bestäuben.

MIT MANDELN

Für 6 Stück

Backofen auf 180° (Umluft 160°) vorheizen. In die Mulden eines 6er-Muffinblechs je 1 Papierförmchen setzen. 100 g **Zartbitterschokolade** in kleine Stücke brechen und 50 g **Butter** grob würfeln, beides in einem Topf bei geringer Hitze schmelzen, dann kurz abkühlen lassen. 2 **Eier** (M) trennen. Eiweiße mit 1 Prise **Salz** steif schlagen. Eigelbe mit 50 g **Zucker** cremig rühren, dann die Schokomasse, 40 g gemahlene **Mandeln** und 1 TL **Speisestärke** unterrühren. Zum Schluss den Eischnee unterheben. Teig in den Förmchen verteilen. Blech in den Ofen (Mitte) schieben und die Törtchen 10–12 Min. backen. Herausnehmen, abkühlen lassen, aus der Form lösen. Törtchen mit **Puderzucker** bestäuben.

4 x SCHNELLES VANILLEEIS ...

MIT ERDBEERSÜPPCHEN

Für 2 Personen

400 g **Erdbeeren** waschen, putzen und vierteln
(oder 300 g TK-Erdbeeren 10–15 Min. antauen
lassen). Mit 1 Pck. **Bourbon-Vanillezucker,**
80 ml **Orangensaft,** 2 EL **Orangenlikör** (nach
Belieben), 1 EL **Balsamico Creme** und 1–2 EL
Ahornsirup (je nach Süße der Früchte, Honig
schmeckt auch) in einer Rührschüssel mit dem
Pürierstab fein pürieren. Erdbeersüppchen in
zwei große Pastateller füllen, je 1 große Kugel
Bourbon-Vanilleeis in die Mitte setzen. Mit
je 1 TL gehackten **Pistazien** bestreuen.

MIT ROTWEINBIRNEN

Für 2 Personen

1 große **Birne** vierteln, schälen, entkernen
und längs in dünne Spalten schneiden, mit 1 EL
Zitronensaft beträufeln. ¼ l **Rotwein** mit 1 Pck.
Bourbon-Vanillezucker, 1–2 EL **Ahornsirup**
(je nach Süße der Birne, Honig schmeckt auch),
½ **Zimtstange** und 1 **Nelke** in einem kleinen
Topf erhitzen. Birnenspalten dazugeben, alles
bei mittlerer Hitze 5–6 Min. köcheln lassen.
Vom Herd nehmen und etwas abkühlen lassen.
Lauwarme Rotweinbirnen auf zwei große Pasta-
teller verteilen und je 1 große Kugel **Bourbon-
Vanilleeis** in die Mitte setzen.

... fürs exravagante Früchtetanken. Ob Beeren, Birnen oder Äpfel – alles ist im Handumdrehen gemacht. Das Eis gibt's fertig im Supermarkt.

MIT BRATÄPFELN

Für 2 Personen

Backofen auf 180° (Umluft 160°) vorheizen.
2 **Äpfel** waschen, Kerngehäuse mit einem Kern-gehäuseausstecher entfernen, dann die Äpfel quer in etwa 1 cm dicke Scheiben schneiden.
2 EL weiche **Butter,** 3 EL **Zucker** und 4 EL ge-hackte **Mandeln** in einer kleinen Schüssel mit einer Gabel gut vermischen. Mandelmasse auf den Apfelscheiben gleichmäßig verteilen, dann die Apfelscheiben wieder aufeinanderlegen und zu einem „ganzen" Apfel zusammensetzen. Die Mandeläpfel in eine feuerfeste Form setzen, 4 EL **Apfelsaft** angießen. Im Ofen (Mitte) 20–25 Min. braten. Bratäpfel aus dem Ofen nehmen, etwas abkühlen lassen. Mit **Puderzucker** bestäuben und mit je 1 großen Kugel **Bourbon-Vanilleeis** auf tiefen Pastatellern anrichten.

MIT STREUSELBEEREN

Für 2 Personen

Backofen auf 200° (Umluft 180°) vorheizen.
50 g kalte **Butter** in Stückchen schneiden und mit je 50 g **Mehl** und **Zucker** und 2 EL gehack-ten **Mandeln** in einer Rührschüssel mit ange-feuchteten Händen gründlich verkneten. 300 g gefrorene **TK-Waldbeerenmischung** auf zwei feuerfeste Förmchen verteilen. Mit angefeuchte-ten Händen aus der Teigmasse Streusel formen und auf den Beeren verteilen. Im Ofen (Mitte) 10–12 Min. backen, bis die Streusel knusprig und goldbraun sind. Heiße Förmchen auf einen Servierteller stellen, je 1 große Kugel **Bourbon-Vanilleeis** auf die Streuselbeeren geben.

4 × SCHNELLER FRÜCHTE-MIX …

MIT OBLATEN

Für 2 Personen

2 EL **Mascarpone** mit je 1 EL **Orangensaft** und 1 EL **Ahornsirup** (Honig schmeckt auch) gut verrühren. 50 g aufgetaute **TK-Erdbeeren** (oder frische geputzte Erdbeeren) mit 1 TL **Ahornsirup** (oder Honig) in einem hohen Rührbecher mit einem Pürierstab fein pürieren. 2 **Oblaten mit Kakao-Creme-Füllung** (je 50 g) mit Mascarponecreme und Erdbeerpüree bestreichen. 1 **Kiwi** schälen, längs halbieren, quer in dünne Scheiben schneiden. 1 **Orange** so schälen, dass auch die weiße Haut mit entfernt wird. Orangenfilets aus den Trennhäuften herausschneiden. Oblaten mit den Früchten wie eine „Pizza" belegen. 1 Riegel **weiße Schokolade** (etwa 20 g) mit einem Sparschäler in feine Späne hobeln und über die süßen Pizzas streuen.

MIT KNUSPERNÜSSEN

Für 2 Personen

60 g gemischte **Nüsse** und **Kerne** (z.B. Mandelstifte, Pinienkerne, Sesamsamen) in eine kleine beschichtete Pfanne geben und 60 g **Zucker** darüberstreuen, in 5–6 Min. bei geringer Hitze hellbraun karamellisieren lassen, dabei zum Schluss durchrühren. Gleichmäßig auf Backpapier verteilen, auskühlen lassen. Nüsse in einen Gefrierbeutel geben und mithilfe einer Teigrolle mittelfein zerkleinern. 1 **Mandarine** schälen und in Spalten teilen. 1 **Kiwi** schälen, längs halbieren und quer in dünne Scheiben schneiden. 1 rote **Pflaume** waschen, halbieren, entkernen und längs in Spalten schneiden. Die vorbereiteten Früchte mit 50 g aufgetauten **TK-Heidelbeeren** und 1 EL **Orangensaft** vermischen. Früchte-Mix mit den Knuspernüssen bestreuen.

... als süße Pizza, raffinierter Obstsalat, zum Dippen und als Blitzsorbet: so bequem und lecker könnten Vitamine eigentlich immer daherkommen.

MIT SCHOKOSAUCE

Für 2 Personen

50 g **Zartbitterschokolade** in kleine Stücke brechen und mit 100 g **Sahne** in einem kleinen Topf erwärmen, bis sie geschmolzen ist. Vom Herd nehmen. 1 TL abgeriebene **Bio-Limetten-schale** und 2 EL **Ahornsirup** (Honig schmeckt auch) untermischen. Die Sauce etwas abkühlen lassen, dann auf zwei Schälchen verteilen. Von 10–12 **Kapstachelbeeren** die Schalen öffnen und nach hinten biegen. 2 **Kiwis** schälen und längs vierteln. 1 **Baby-Ananas** schälen, ebenfalls längs vierteln und die harten Mittelteile entfernen. Die Früchte dekorativ auf zwei Tellern anrichten, mit der lauwarmen Schokosauce zum Dippen servieren.

MIT FRUCHTSAFT

Für 2 Personen

150 g gefrorene gemischte **TK-Früchte** (z.B. Heidelbeeren, Erdbeeren, Waldbeeren) in einen hohen Rührbecher geben, 5–6 Min. leicht antauen lassen. 3 EL **Ahornsirup** (Honig schmeckt auch), 2 EL **Orangensaft** und 50 ml roten **Multivitaminsaft** (ohne Zuckerzusatz) dazugeben, alles mit einem Pürierstab fein pürieren. Fruchtsorbet auf zwei Dessertschälchen verteilen und gleich essen oder bis zum Servieren in das Tiefkühlfach stellen.

TIPP: Das Sorbet kann man auch schon ein paar Stunden vor dem Servieren zubereiten und bis dahin ins Tiefkühlfach stellen. Bevor es dann auf den Tisch kommt, 5–6 Min. antauen lassen, damit es nicht zu hart ist,

HONIG–NUSS–SCHNECKEN

Formschöne Knabberware mit süßem Joghurtdip

FÜR 2 PERSONEN

½ aufgerollte Platte Blätterteig
(etwa 150 g, aus dem Kühlregal)
4 EL Honig
4 EL gehackte Mandeln
2 EL Sahne-Naturjoghurt
1 TL abgeriebene Bio-Orangenschale
1–2 TL Orangensaft
2 EL Puderzucker

PRO PERSON: 575 KAL.
ZUBEREITUNGSZEIT: 10 MIN.
+ 20 MIN. BACKEN

1 Backofen auf 200° (Umluft 180°) vorheizen, ein Backblech mit Backpapier auslegen. Die Blätterteigplatte auseinanderrollen und gleichmäßig dünn mit 3 EL Honig bestreichen und mit den Mandeln bestreuen.

2 Bestrichene Blätterteigplatte von den beiden Längsseiten her zur Mitte hin aufrollen, leicht andrücken. Dann die Rolle quer in etwa 1 cm breite Schnecken schneiden, aufs Blech legen. Die Honig-Nuss-Schnecken im Ofen (Mitte) in 18–20 Min. hellbraun und knusprig backen. Herausnehmen, etwas abkühlen lassen.

3 Den Joghurt in einer kleinen Schüssel mit restlichem Honig, Orangenschale und Orangensaft gründlich verrühren. Honig-Nuss-Röllchen mit Puderzucker bestäuben, mit dem Joghurtdip servieren.

TIPP: Die Schnecken in eine stabile, gut verschließbare Dose packen und ins Büro, zur Party oder zum Picknick mitnehmen.

FAULE MENÜS

DAS MENÜ FÜR DIE SCHLANKE LINIE

Für 2 Personen | in 45 Min. garantiert fertig

Das gibt es

> **Asia-Nudelsuppe mit Chinakohl und Spinat**
> (Seite 53)
> **Fischwürfel mit grünem Spargel, dazu Orient-Reis mit Frühlingszwiebeln und Knoblauch**
> (Seite 114 und 37)
> **Früchte-Mix mit Fruchtsaft**
> (Seite 129)

So gehen Sie vor

1 Früchte-Mix zubereiten und bis zum Servieren in das Tiefkühlfach stellen.

2 Asia-Suppe zubereiten und Nudeln kochen, beides getrennt beiseitestellen.

3 Fischwürfel, Spargel, Sauce und die Zutaten für den Reis vorbereiten.

4 Suppe wieder erhitzen, die Nudeln zugeben, abschmecken und servieren.

5 Die Fischwürfel mit Spargel sowie den Orient-Reis zubereiten. Am Ende der Garzeit Früchte-Mix aus dem Tiefkühler nehmen und in den Kühlschrank stellen. Die Fischwürfel mit Spargel und Reis anrichten.

6 Zum Abschluss des Menüs den Früchte-Mix servieren.

MIT AUF DEN TISCH KÖNNEN: eine große Schale mit Kiwis, Kapstachelbeeren, Erdbeeren oder Weintrauben, dazu salzige Reiswaffeln in einem Bastkörbchen.

DEKO-TIPP: Tisch ganz in Weiß decken – weiße Tischdecke und Stoffservietten sowie Blumen mit weißen Blüten (z.B. Maiglöckchen, Margeriten, Tulpen, Hyazinthen, Calla). Das Essen am besten auf großen, weißen (Pasta-)Tellern anrichten.

DAS MENÜ FÜR EINEN ROMANTISCHEN ABEND ZU ZWEIT

Für 2 Personen | in 1 Std. auf dem Tisch

Das gibt es

> **Shrimpssuppe mit Fenchel**
> (Seite 108)

> **Entenbrust mit Preiselbeersauce,**
> **dazu Kartoffelpüree mit Sellerie**
> (Seite 84 und 88)

> **Sahne-Baiser-Becher**
> (Seite 120)

So gehen Sie vor

1 Sahne fürs Dessert steif schlagen, kühl stellen. Baiser zerkleinern und beiseitestellen. Erdbeerpüree zubereiten, ebenfalls beiseitestellen.

2 Fischsuppe mit geröstetem Baguette vorbereiten, die Shrimps aber noch nicht zugeben. Suppe beiseitestellen.

3 Preiselbeersauce zubereiten. Backofen vorheizen, Entenbrust vorbereiten. Zutaten für das Kartoffelpüree vorbereiten.

4 Wasser fürs Püree erhitzen, Zutaten zugeben. Die Entenbrust anbraten, in den Ofen schieben. Suppe wieder erhitzen, Shrimps zugeben, kurz mitgaren, abschmecken, mit Baguette servieren.

5 Kartoffelpüree fertigstellen. Preiselbeersauce erwärmen. Entenbrust aus dem Ofen nehmen, kurz ruhen lassen, 2 EL Bratfett unter die Preiselbeersauce rühren. Die Entenbrust aufschneiden, mit Sauce und Kartoffelpüree anrichten.

6 Vorbereitete Dessertzutaten in Gläser füllen und servieren.

MIT AUF DEN TISCH KÖNNEN: Weißbrot und grüner Spargel mit Kräuterbutter im Päckchen (Seite 66).

DEKO-TIPP: Servietten in Rot und „Latte-Macchiato-Farben", dunkelrote Blumen einzeln in Gläschen, Kerzen in verschiedenen Größen in Braun- und Rottönen.

FAULE MENÜS

DAS MENÜ FÜR VIELE GÄSTE

Für 8 Personen | alle Zutatenmengen mal vier nehmen | in 1 ½ Std. servierbereit

Das gibt es

> **Fischsnack mit Räucherforelle**
  (Seite 106)
> **Französisches Filetragout, dazu frische Bandnudeln und grüner Spargel mit Kräuterbutter**
  (Seite 92, 42 und 66)
> **Schokotörtchen mit Mandeln, dazu Eierlikör-Vanille-Sahne**
  (Seite 125 und 119)

So gehen Sie vor

1 Schokotörtchen backen und abkühlen lassen. Sahne mit Bourbon-Vanillezucker steif schlagen, Eierlikör untermischen, kalt stellen.

2 Fischsnack zubereiten.

3 Backofen vorheizen. Zutaten fürs Filetragout vorbereiten. Spargel vorbereiten, in vier Päckchen verpacken, auf ein Backblech setzen.

4 Den Fischsnack servieren.

5 Spargel im Ofen garen. Nudelwasser aufsetzen. Filetragout zubereiten. Nudeln im kochenden Salzwasser nach Packungsanweisung garen.

6 Spargel aus dem Ofen nehmen, im Päckchen auf den Tisch stellen. Die Nudeln in ein Sieb abgießen, in eine Schüssel geben (nach Belieben noch mit 1–2 EL Butter vermischen). Filetragout ebenfalls in eine Schüssel geben – jetzt kann sich jeder selbst bedienen.

7 Schokotörtchen mit Puderzucker bestäuben und eventuell mit der Sahne servieren.

MIT AUF DEN TISCH KÖNNEN: Käse-Knabberstangen, marinierte Artischocken-herzen, Kapernäpfel, schwarze Oliven.

DEKO-TIPP: selbst gedruckte Papiersets mit Lieblingsfotos (per Mail über Drogeriemärkte) oder bunte Papierservietten und Fruchtbonbons auf dem Tisch verstreut.

DAS MENÜ FÜR DEN GRILLABEND

Für 4 Personen | alle Zutatenmengen mal zwei nehmen | in 1 ½ Std. gemacht

Das gibt es

> **Nudelsalat mit Chili-Knoblauch-Vinaigrette, dazu Baguette mit Avocado-Brotaufstrich**
(Seite 50 und 18)
> **Burger mit Tabasco und Ajvardip**
(Seite 95)
> **Honig-Nuss-Schnecken**
(Seite 130)

So gehen Sie vor

1 Honig-Nuss-Schnecken backen und abkühlen lassen. Joghurtdip zubereiten, beiseitestellen.

2 Nudelsalat zubereiten, Avocado-Brotaufstrich zubereiten, beides beiseitestellen.

3 Ajvardip und den Hackfleischteig zubereiten. Burger aus der Hackfleischmasse formen, auf einen geölten Teller legen. Restliche Zutaten für den Brötchenbelag vorbereiten.

4 Nudelsalat abschmecken, das Baguette aufschneiden. Den Nudelsalat mit Baguette und Avocado-Brotaufstrich servieren.

5 Burgerbrötchen anrösten, die Fleischburger grillen. Brötchen, gegrillte Burger, Ajvardip und restliche Zutaten für den Belag auf dem Tisch anrichten. Jeder bedient sich selbst.

6 Honig-Nuss-Schnecken mit Puderzucker bestäuben und mit dem Joghurtdip servieren.

MIT AUF DEN TISCH KÖNNEN: salzige Kartoffelchips, eine Schale mit salzigem Nuss-Mix, Rohkost-Sticks aus Gurke, Möhre, Staudensellerie und Paprika

DEKO-TIPP: kleine Holzbrettchen als Platzsets, Keramikschüsselchen und -teller und karierte Servietten; dazu selbst gesammelte Wiesenblumen als kleine Sträußchen an jedem Platz.

HMM...

... war das wieder lecker. Nachschub bitte!

REGISTER VON A–Z

IMPRESSUM

Die Autorin

Cornelia Trischberger ist freie Food-Journalistin und Autorin in München und hat bereits mehrere Titel bei GU veröffentlicht – unter anderem Band 1 von „Kochen für Faule". Da sie die unkomplizierte schnelle Küche liebt und ihre Familie gerne mit neuen Kreationen überrascht – auch mal ganz spontan aus Vorräten zusammengestellt –, sprudelte sie nur so voller weiterer Ideen für unsere faulen, bequemen Rezepte.

Der Fotograf

Michael Wissing
Der Fotodesigner (BFF), Fotograf und Schriftsetzer arbeitet in seinem Studio im Schwarzwald für renommierte internationale Magazine, Agenturen, Firmen und Verlage und erhielt bereits mehrere internationale Preise und Auszeichnungen. In Szene gesetzt wurden die faulen Gerichte von Andreas Neubauer (Foodstylist).

Bildnachweis
Alle Fotos:
Michael Wissing

Syndication:
www.jalag-syndication.de

Projektleitung:
Sigrid Burghard

Lektorat, Gestaltung, Satz/DTP:
Redaktionsbüro Christina Kempe, München

Umschlag und Gestaltung:
independent Medien-Design, Horst Moser, München

Herstellung:
Susanne Mühldorfer

Korrektorat:
Petra Bachmann

Reproduktion:
Longo AG, Bozen

Druck:
Firmengruppe Appl, aprinta, Wemding

Bindung:
Firmengruppe Appl, Sellier, Freising

© 2010 GRÄFE UND UNZER VERLAG GmbH, München

ISBN 978-3-8338-2006-9

1. Auflage 2010

GRÄFE
UND
UNZER

Ein Unternehmen der
GANSKE VERLAGSGRUPPE

Unsere Garantie

Alle Informationen in diesem Ratgeber sind sorgfältig und gewissenhaft geprüft. Sollte dennoch einmal ein Fehler enthalten sein, schicken Sie uns das Buch mit dem entsprechenden Hinweis an unseren Leserservice zurück. Wir tauschen Ihnen den GU-Ratgeber gegen einen anderen zum gleichen oder ähnlichen Thema um.

Liebe Leserin und lieber Leser,

wir freuen uns, dass Sie sich für ein GU-Buch entschieden haben. Mit Ihrem Kauf setzen Sie auf die Qualität, Kompetenz und Aktualität unserer Ratgeber. Dafür sagen wir Danke! Wir wollen als führender Ratgeberverlag noch besser werden. Daher ist uns Ihre Meinung wichtig. Bitte senden Sie uns Ihre Anregungen, Ihre Kritik oder Ihr Lob zu unseren Büchern. Haben Sie Fragen oder benötigen Sie weiteren Rat zum Thema? Wir freuen uns auf Ihre Nachricht!

Wir sind für Sie da!
Montag–Donnerstag:
8.00–18.00 Uhr;
Freitag: 8.00–16.00 Uhr
Tel.: 0180–5005054*
Fax: 0180–5012054*
E-Mail:
leserservice@graefe-und-unzer.de

PS: Wollen Sie noch mehr Aktuelles von GU wissen, dann abonnieren Sie doch unseren kostenlosen GU-Online-Newsletter und/oder unsere kostenlosen Kundenmagazine.

GRÄFE UND UNZER VERLAG
Leserservice
Postfach 86 03 13
81630 München

*(0,14 €/Min. aus dem dt. Festnetz/Mobilfunkpreise maximal 0,42 €/Min.)

OBST- UND GEMÜSESTAND

- _____ ANANAS (BABY)
- _____ ÄPFEL
- _____ AVOCADOS
- _____ BASILIKUM
- _____ BIRNEN
- _____ CHAMPIGNONS
- _____ CHINAKOHL
- _____ ERDBEEREN
- _____ FELDSALAT
- _____ FENCHEL
- _____ FRÜHLINGSZWIEBELN
- _____ GARTENKRESSE
- _____ INGWER
- _____ KAPSTACHELBEEREN
- _____ KARTOFFELN (BIO/NEU/FESTKOCHEND/ VORWIEGEND FESTKOCHEND/MEHLIG- KOCHEND)
- _____ KIWI
- _____ KNOBLAUCH
- _____ KOHLRABI
- _____ LAUCH
- _____ LIMETTEN (BIO)
- _____ MANDARINEN
- _____ MÖHREN
- _____ ORANGEN (BIO)
- _____ PAPRIKASCHOTEN (GELB, ROT, GRÜN)
- _____ PFLAUMEN (ROT)
- _____ RADICCCHIO
- _____ RADIESCHEN
- _____ ROTE BETE (VORGEGART)
- _____ RUCOLA
- _____ SALATGURKE (BIO, MINI)
- _____ SCHALOTTEN
- _____ SELLERIE (STAUDE/KNOLLE)
- _____ SPARGEL (GRÜN)
- _____ SÜSSKARTOFFELN
- _____ TOMATEN (FLEISCH/KIRSCH)
- _____ WEISSKOHL
- _____ ZITRONEN (BIO)
- _____ ZUCCHINI
- _____ ZWIEBEL (WEISS/ROT)

KÜHLTHEKE

- _____ BLÄTTERTEIG (AUFGEROLLTE PLATTE)
- _____ BUTTER
- _____ CRÈME DOUBLE/FRAÎCHE
- _____ FRISCHKÄSE
- _____ KÄSE (AM STÜCK – EMMENTALER/ BERGKÄSE/CAMEMBERT/LIMBURGER/ SCHAFSKÄSE)
- _____ KÄSE (GERIEBEN AUS DER TÜTE – PARMESAN/PECORINO/EMMENTALER/ TILSITER/EDAMER/GRATIN-KÄSE)
- _____ KRÄUTERBUTTER
- _____ MASCARPONE
- _____ MOZZARELLA(BÄLLCHEN)
- _____ NATURJOGHURT (SAHNE)
- _____ NUDELN (FRISCH – RAVIOLI/ TAGLIATELLE/KÄSE-TORTELLINI)
- _____ ORANGENSAFT (DIREKTSAFT)
- _____ RICOTTA
- _____ SAHNE (SÜSS/SAUER)
- _____ SCHINKEN (ROH, IN SCHEIBEN – PARMA/SÜDTIROLER)
- _____ SCHMAND
- _____ ZITRONENSAFT (DIREKTSAFT)

TIEFKÜHLTRUHE (TK)

- _____ BLUMENKOHLRÖSCHEN (BIO)
- _____ BOHNEN (GRÜN)
- _____ BRÖTCHEN
- _____ ERBSEN
- _____ ERDBEEREN
- _____ FISCHFILETS (SIEHE FISCHTHEKE)
- _____ HEIDELBEEREN
- _____ KRÄUTER (SCHNITTLAUCH/PETERSILIE/ DILL/8-KRÄUTER-MISCHUNG)
- _____ SHRIMPS (BIO, GESCHÄLT)
- _____ SPINAT (BLATT)
- _____ SUPPENGRÜN
- _____ VANILLEEIS (BOURBON)
- _____ WALDBEERENMISCHUNG

FLEISCHTHEKE

- _____ ENTENBRUSTFILET
- _____ HÄHNCHENBRUSTFILET
- _____ KALBSSCHNITZEL
- _____ LAMMKOTELETTS
- _____ PUTENSCHNITZEL
- _____ HACKFLEISCH (RIND/SCHWEIN/ GEMISCHT)
- _____ RINDERSTEAKS
- _____ SCHWEINEFILET

FISCHTHEKE

- _____ FISCHFILETS (FRISCH – HEILBUTT/ LACHS/PANGASIUS/SEEBARSCH/ STEINBEISSER/THUNFISCH/WILD- LACHS/ZANDER; ERSATZWEISE TK- WARE NEHMEN)
- _____ FORELLENFILETS (GERÄUCHERT)
- _____ GRAVED LACHS (IN SCHEIBEN)
- _____ MATJESFILETS
- _____ RÄUCHERLACHS (IN SCHEIBEN)

GEWÜRZSTÄNDER

- _____ CAYENNEPFEFFER
- _____ CURRYPULVER
- _____ KORIANDER (GEMAHLEN)
- _____ KREUZKÜMMEL (GEMAHLEN)
- _____ KURKUMAPULVER
- _____ LORBEERBLÄTTER
- _____ MUSKATNUSS (FRISCH GERIEBEN)
- _____ NELKEN (GEMAHLEN/GANZ)
- _____ OREGANO (GETROCKNET)
- _____ PAPRIKAPULVER (EDELSÜSS/ ROSENSCHARF)
- _____ PEPERONI (GETROCKNET)
- _____ PFEFFER (GEMAHLEN)
- _____ ROSMARIN (GETROCKNET)
- _____ SAFRAN (GEMAHLEN)
- _____ STERNANIS
- _____ THYMIAN (GETROCKNET)
- _____ ZIMT (STANGE/PULVER)

AUS DOSE, GLAS, TUBE

- _____ AMARENAKIRSCHEN
- _____ APFELMUS
- _____ ARTISCHOCKENHERZEN (IN ÖL)
- _____ BAMBUSSPROSSEN (IN STREIFEN)
- _____ BOHNEN (WEISSE CANNELLI/ BRAUNE BORLOTTI)
- _____ DIJON-SENF
- _____ ESSIGGURKEN
- _____ FISCHFOND
- _____ HARISSA
- _____ KAPERN/KAPERNÄPFEL
- _____ KETCHUP
- _____ KICHERERBSEN
- _____ KOKOSMILCH
- _____ MAISKÖRNER
- _____ MANGO (IN SPALTEN)
- _____ MANGO-CHUTNEY
- _____ MAYONNAISE
- _____ MEERRETTICH
- _____ OLIVEN (SCHWARZ/GRÜN/OHNE STEIN/MIT PAPRIKAFÜLLUNG)
- _____ PAPRIKASCHOTEN (GERÖSTET, GEHÄUTET)
- _____ PREISELBEERGELEE
- _____ SARDELLENFILETS (IN ÖL)
- _____ SOJASPROSSEN
- _____ THUNFISCH (IN ÖL/OLIVENÖL)
- _____ TOMATEN (GESCHÄLT/PASSIERT)
- _____ TOMATEN (GETROCKNET, IN ÖL)

NUDELN, REIS & CO.

- _____ BASMATIREIS (VORGEGART, BEUTEL)
- _____ EIERNUDELN (ASIATISCH)
- _____ GLASNUDELN (BREIT, ASIATISCH)
- _____ LANGKORNREIS (VORGEGART, BEUTEL)
- _____ NATURREIS (VORGEGART, BEUTEL)
- _____ NUDELN (ORECCHIETTE/FUSILLI/ SPAGHETTI(NI)/FARFALLE/PENNE)
- _____ RISOTTOREIS (VORGEGART, MIT SAFRAN)
- _____ LINSEN (ROT)